Le [illegible]

[illegible]

du Cabinet historique.

Documents . 1780 8° Lc7

3

ARMORIAL

DE FRANCE

DE LA FIN DU QUATORZIÈME SIÈCLE

PUBLIÉ D'APRÈS UN MANUSCRIT DE LA BIBLIOTHÈQUE IMPÉRIALE

ET ANNOTÉ PAR

M. DOUET-DARCQ

EXTRAIT DU CABINET HISTORIQUE

PARIS

J.-B. DUMOULIN, QUAI DES AUGUSTINS, 13

1859

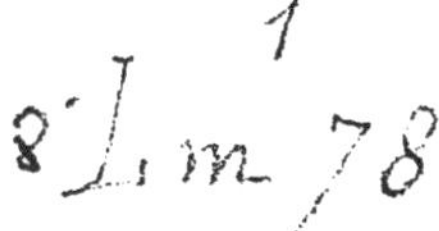

Paris. — Imprimerie de A. Wittersheim, 8, rue Montmorency.

ARMORIAL DE FRANCE

DE LA FIN DU XIVE SIÈCLE

Un armorial donnant 1,264 grands noms de la France, et cela pour la fin du xive siècle, comme nous espérons le prouver tout à l'heure, nous a paru digne de voir le jour dans le *Cabinet historique,* et de prendre place parmi la foule de documents utiles que renferme déjà ce recueil. Nous commencerons par dire un mot de cet armorial.

Tout le monde sait qu'il y a deux espèces d'armoriaux. Les uns qui se contentent de donner les noms accompagnés seulement de la lecture des blasons, les autres, tels par exemple que le bel armorial de Berry ou celui d'Auvergne, qui y ajoutent les blasons eux-mêmes, soit peints, soit dessinés au trait, et avec ou sans lectures. C'est à la première des deux catégories qu'appartient le document que nous publions. C'est un petit manuscrit original, sur vélin, de 61 feuillets, le dernier resté en blanc et les autres paginés de 1 à 130. Il a souffert en quelques endroits où il a été retouché par une main moderne et habile. Il est du format de nos in-douze ordinaires, et porte au dos de sa reliure, qui est en maroquin rouge, ces mots : *Armorial de France. Manuscrit de l'an* 1406. Il appartient à la Bibliothèque Impériale, où il est conservé sous le n° 254^{24} du fonds *Supplément Français.* Quant à l'écriture, elle peut s'attribuer, soit à la fin du xive siècle, soit au commencement du xve, et n'apporte par conséquent rien qui puisse contredire la date de 1406 donnée au dos. Examinons pourtant si c'est bien là la véritable. Nous observerons d'abord que le manuscrit ne porte aucun titre. Il commence, au haut du premier feuillet, par le simple mot: *France*, puis, vient immédiatement l'armorial, dont les premiers articles annoncent clairement qu'il s'agit de Charles VI, puisque le nom du Roi y est suivi de celui du Dauphin, son fils, des ducs d'Anjou, de Berri et de Bourgogne, ses oncles, du duc d'Orléans, son frère, etc. La preuve que c'est bien de Louis d'Orléans dont il est question à l'article duc d'Orléans, c'est qu'il n'y est pas parlé du comte de Vertus ni du comte d'Angoulême, ses enfants, comme c'eût été le cas si l'article eût regardé Charles d'Orléans, leur ainé. Si donc, comme il n'y a pas lieu d'en douter, l'armorial est bien du temps de Charles VI, si le duc d'Orléans dont il y est question est bien Louis d'Orléans, mort en 1407, le Dauphin ne peut être que Louis, duc de Guienne, né en 1396. C'est donc entre ces deux années qu'il faut placer la date de notre manuscrit, et c'est ce qu'avoit fait le possesseur, en la mettant à l'année 1406. Toutefois, nous croyons pouvoir la faire remonter plus haut, et nous ne craindrons pas d'avancer que notre armorial est nécessairement de l'année 1396 ou de la suivante. En effet, on y voit figurer le comte d'Eu, et un peu plus bas, Charles d'Artois. Or, Charles d'Artois a été comte d'Eu à la mort de son père, Philippe d'Artois, en 1397, et comme il n'est pas qualifié ainsi dans notre armorial, il s'ensuit nécessairement que c'est de son père Philippe d'Artois qu'il s'agit à l'article du comte d'Eu. Donc, notre armorial a été composé entre la naissance du Dauphin, duc de Guienne, en 1396, et la mort de Philippe d'Artois, comte d'Eu, en 1397. La question importante de la date de notre document ainsi vidée, passons à son contenu.

Notre armorial est divisé par provinces, et dans chaque province il y a une subdivision des bannerets et des simples chevaliers. Les provinces sont: France, Normandie, Champenois et Bourguignons, Bretagne et le Maine, Anjou et Touraine, Vermandois et Beauvaisis, Ponthieu, Artisiens et Corbéiens, Flandres et Hainaut, et enfin, un dernier article pour les souverains étrangers. Il est à remarquer que notre manuscrit ne se sert pas toujours des termes du blason, et c'est là une preuve que cette langue n'étoit pas encore définitivement formée à la fin du XIVe siècle. En sorte qu'on trouve ici, par exemple, le terme de *noir* mis pour sable, *vert* pour sinople, etc. D'autres y sont singulièrement défigurés, comme *bougonné* pour componné, *fesse* et *fessié* pour fasce et fascé, *quevrons* pour chevrons, *guéronné* pour gironné, *gastelets* pour chastelets, *coutiches* pour cottices, *oille* pour orle, etc., etc. Pourquoi ne pas le dire tout de suite, le manuscrit fourmille de fautes. Au reste, il semble que ce soit une règle sans exception pour tous les armoriaux, surtout quand ils remontent un peu haut, comme c'est le cas pour le nôtre, que nous regardons même comme l'un des plus anciens. Quoi qu'il en soit, comme après tout on peut, avec un peu d'habitude et de soin, redresser en bien des points les textes de ce genre, comme surtout, tout imparfaits qu'ils soient, ils fournissent souvent d'utiles renseignements et des moyens de vérifier les faits, qu'on chercheroit vainement ailleurs, nous croyons que, loin de les rejeter, il est bon de les rechercher et de les reproduire, ne fût-ce que comme pierres d'attente. Sans doute, il seroit préférable de n'offrir au public que des textes suffisamment éclaircis, mais, après tout, ne vaut-il pas mieux encore lui donner des matériaux bruts que de ne lui rien donner du tout? C'est cette considération qui nous a déterminés dans cette publication.

Cet armorial de Charles VI se retrouve en entier dans un autre manuscrit de la Bibliothèque Impériale, portant le n° 9816-3. C'est un petit in-fol. pap. de 39 feuillets, d'une écriture du XVIe siècle, et qui a passé pour être un armorial de la première croisade. Voici ce qui a donné lieu à l'erreur. On lit sur un premier feuillet, qui ne fait pas partie du corps de l'ouvrage, ces mots: « Noms et surnoms; avec les armoiries; des nobles qui se croisèrent pour aller oultremer, contre les Sarrazins; l'an 1096. » Et au-dessous: « Ce que dessus estoit écrit sur un vieil parchemin dont ce livre étoit couvert. » Puis, enfin, la note suivante: « Ces noms et surnoms, tirez d'un armorial ancien de l'église cathédrale de Bayeux, qui paroît avoir esté fait depuis 1330 jusqu'environ l'an 1370, se trouvent encore dans l'ancien hérault Breton de la même bibl. Colb., n° 3263; à la tête de l'Hist. générale de Normandie de Gabriel du Moulin, in-fol., imprimée en 1631; et quant à ce qui concerne la maison de Châtillon, au commencement de l'Hist. généalog. de cette maison, par du Chesne, en 1621. » Signé G. M. Or, tout ceci n'a aucun rapport avec le manuscrit, dont voici, au reste, pour qu'on en puisse mieux juger, le titre exact et tout au long.

« Cy est l'extraict du livre de Navarre, maistre hérault du très-noble très-crestien et très-puissant roy de France, contenant le blazon et deviz des armes de tous les roys chrétiens, princes et seigneurs du sang de France, et autres barons, bancroys, bacheliers et chevalliers du pais de France, Normandye, Champaigne, Bourgougne, Bretaigne, Le Maine, Anjou, Tourayne, Vermandoys, Beauvoisin, Pontif, Artois, Corboyais, Poitou, Berry, Breban, Flandres, Hénault et Angleterre. Lequel présent extraict a esté faict sur ung gros livre en parchemin d'ancienne escripture, cousu entre deux aez, intitulé en son commencement: Cy commence les anciennes histoires d'oltremer. Appartenant et estant en la saisine et possession des seigneurs de Rubery, surnommés de Stimey. Et aussy semblable livre en langage picart chés ung nommé Jehan de la Rue, bourgeoys de Baieulx, de l'art et mestier de paintre et vitrier. Aultre en la main du sieur de Benville, et aultre entre les mains de Culdec le Gaypaye, paintre et ymagier demourant à Caen. »

Ce manuscrit est, comme on l'a déjà dit, le même armorial que le nôtre. On y distingue facilement deux mains. L'une, pour les six premiers feuillets, est lourde et épaisse; l'autre, pour le reste, est de cette cursive hardie mais pleine de caprices qui distingue le milieu du XVIe siècle. Il a été connu de Bernard de Montfaucon, qui même en donne un fragment assez étendu dans sa *Bibliotheca bibliothecarum manuscriptorum*, tom. 2, pag. 878. D. D.

FRANCE

1. LE ROY DE FRANCE. — D'asur, à fleurs de lis d'or.
2. MONSEIGNEUR LE DAUFIN (1). —Escartellé de France et du Daufinez, et sont les armes du *Daufinez*, d'or à un daufin d'asur.
3. MONSEIGNEUR D'ANJOU (2). —Les armes de France, à une bordeure de gueules.
4. MONSEIGNEUR DE BERRY (3). — Les armes de France, à une bordeure de gueules engreslée.

(1) Louis de France, duc de Guienne, mort en 1415. — (2) Louis II, ort en 1417. — (3) Jean, duc de Berri, mort en 1416.

5. MONSEIGNEUR DE BOURGOINE (1).—Les armes de France, à une bordeure bougonnée (componnée) d'argent et de gueules, escartellées contre les armes de *Bourgoine* qui sont d'or et d'asur, de VI pièces à une bordeure de gueules.

6. MONSEIGNEUR D'ORRLÉANS (2). — Les armes de France, à un lambel bougonnez d'argent et de gueules.

7. LE DUC DE BORBON (3).— Les armes de France, à un baston de gueules.

8. LE COMTE D'ALENÇON (4). — Les armes de France, à une bordeure de gueules besantée d'argent.

9. LE COMTE DU PERCHE.—Semblablement, à un chastellet d'or en la cornière de l'escu.

10. LE COMTE D'ESTAMPES.—Les armes de France, à un baston bougonnez d'ermines et de gueules.

11. LE COMTE D'EU (5) — Les armes de France, à un lambel de gueules chastellé d'or.

12. LE COMTE DE LA MARCHE.—Les armes de France, à un baston de gueules, à trois lioncheaux d'argent sur le baston.

13. MONSEIGNEUR DE PRÉAULX. — Semblablement.

14. MONSEIGNEUR CHARLES D'ARTOIS. — Les armes de France, à un baston de gueules, chastelé d'or, à un escuçon de *Costentin noble.*

Autres banerez du païs de France.

15. LE CONTE DE TANQUERVILLE (6).— Escartellé de *Meleun* et de *Tanquerville*. C'est les ermines (7) de Meuleun, d'asur, à un chief d'or, à VI gestelez d'or ou pié. Et les armes de Tan-

(1) Jean sans Peur, mort en 1419.— (2) Louis, duc d'Orléans, mort en 1407. — (3) Louis II, mort en 1410. — (4) Pierre II, mort en 1404. — (5) Philippe d'Artois, mort en 1397.— (6) Tancarville. — (7) Lis. : Armes.

querville, de gueules, à un escuçon d'argent, à une orleile d'ermines d'or.

16. LE CONTE DE MONTFORT (1). — De gueules, à un lion d'argent rampant, à la queue fourchiée.

17. LE CONTE DE DREUS (2). — Eschiqueté d'or et d'asur, à une bordeure de gueules.

18. LE CONTE DE VENDOSME. — D'argent, à un chief de gueules, à un lion d'asur rampant.

19. LE CONTE DE DAMMARTIN. — Fessié d'argent et d'asur de VI pièces, à une bordeure de gueules.

20. LE SIRE DE MONMORENCHY. — D'or, à une croix de gueules, à XVI esglètes d'asur.

21. LE SIRE DE BEAUSAULT. — Semblablement, à I quartier d'argent, à une molète noire enquartelée.

22. LE SIRE DE BEU. — Eschiqueté d'or et d'asur, à une bordeure de gueules engreslée.

23. MONS. MAHIEU DE TRIE. — Semblablement, à une bordeure d'asur.

24. MONS. PATROILLART DE TRIE. — D'or, la bande des armes *Dammartin*.

25. LE VIDAMES DE CHARTRES. — D'or, à dous fesses noires, à un orle de mesletes noires.

26. LE SIRE DE BRIÈRES. — D'or, à un lion noir rampant, à la queue fourchiée.

27. LE SIRE DE GUAREINCHIÈRES (3). — De gueules, à trois quevrons (chevrons) d'or.

28. LE SIRE DE COUSY (4). — D'argent, à une bande engreslée de gueules.

29. LE SIRE DE MARLY. — D'or, à une croix de gueules, à quatre esglètes d'asur.

(1) Montfort-l'Amaury (Seine-et-Oise, arr. de Rambouillet). — (2) Dreux. — (3) Garencières. — (4) Coucy.

30. MONSEIGNEUR GUY DE BEAUMONT. — Semblablement, à un lambel d'asur.

31. LE SIRE D'IVERY (1). — D'or, à IIII quevrons de gueules.

32. MONSEIGNEUR ROBERT DE MELEUM (2). — D'asur, à un chief d'or, à VI gastelez d'or en pié, à un escuçon de *Tainquerville* ou chief.

33. MONSEIGNEUR JEHAN DE MELEUM. — Semblablement, à un lioncheau de gueules ou chief.

34. LE SIRE DE LA ROCHE-GUYON.— A V coutiches d'asur, à une bordeure de gueules.

35. LE SIRE DE BOUVILLE.—D'argent, à une fesse de gueules, à trois aigneaulx d'or sur la fesse.

36. LE VICONTE DE CORBIEUL (3). — D'argent, à un griffon de gueules rampant.

37. LE SIRE D'AUNEL (4). — D'or à V coutiches de gueules.

38. LE SIRE DE REINVILLE (5).— D'argent, à un fer de moulin de gueules.

39. LE SIRE DE L'ISLE-ADAM (6). — De gueules à une fesse d'argent à VI merles d'argent, trois dessurs et trois desoubz.

40. MONSEIGNEUR ROBERT DE LORIS (7). — D'or, à une fesse d'asur, à trois esgles de gueules.

41. MONSEIGNEUR EGRET DE BESU (8).—De sable, à un chief d'or à VII merletes de l'un à l'autre, à une bordeure de gueules.

42. LE SIRE DE RONY (9). — D'or, à II fesses de gueules.

43. M. AMAURI DE MEULENT (10). — De noir, à un lion d'argent rampant, à la queue fourchiée.

44. MONSEIGNEUR LOUIS DE BEAUMONT (11). — Guéronné d'argent et de gueules, de VIII pièces.

45. MONSEIGNEUR PIERRE DE BEAUMONT. — Semblablement.

(1) Ivry. — (2) Melun. — (3) Corbeil. — (4) Aunay, ou Auneau, ou Auneuil. — (5) A deux lieues de Beauvais.— (6) Arrondissement de Pontoise. — (7) Lorris, en Gâtinais. — (8) Le Besu, en Mantois. — (9) Rosny, en Mantois. — (10) Meulan (Seine-et-Oise). — (11) Beaumont-sur-Oise.

46. MONSEIGNEUR FOUQUES DE MARCILLY (1). — D'or, à quevron de sable.

Bachelers.

47. MONSEIGNEUR MAHIEU DE MONMORENCHY. — D'or, à une croix de gueules, à XVI ègles d'asur, à un lambel d'argent.

48. MONSEIGNEUR JEHAN DE MONMORENCHY. — Semblablement, à un quartier d'argent.

49. MESSIRE ERART DE MONMORENCHY. — Semblablement, à un quartier d'argent, à une molète noire enquartellée.

50. MESSIRE BILEVAULT DE TRIE. — D'or, à une bande des armes de *Dammartin.*

51. M. LOUIS DE TRIE. — D'or à une bende d'asur, à trois angneaulx d'argent sur la bende.

52. M. LOHIER DE TRIE. — Semblablement, à une molète de gueules en la cornière de l'escu.

53. LAISNÉ DE CHAMBRI (2). — De gueules, à trois coquilles d'or.

54. MESSIRE PIERRES DE CHAMBRI. — Par semblable, à une molète d'asur.

55. MONSEIGNEUR GRIS MOUTON DE CHAMBRI. — Par semblable, à un lambel d'asur.

56. LABASSE DE CHAMBRI. — Semblablement, à un lambel bougonné d'argent et d'asur.

57. M. JEHAN DE CHAMBRI. — Semblablement, à un baston d'asur.

58. M. TRITAIN DE CHAMBRI. — Semblablement, à un baston bougonné d'argent et d'asur.

59. M. PIERRES DE VILLIERS. — D'or, à un chief d'asur, à une manche d'ermines.

60. M. PHILIPPE DE VILLIERS. — Semblablement, à I lambel de gueules.

(1) En Mulcien (Seine-et-Marne). — (2) Chambly (Oise).

61. M. AUTIN DE VILLIERS. — Semblablement, à un escuçon d'*Auneel*.

62. M. JEHAN DE GUAREINCHIÈRES (1). — De gueules (*sic*). II ou III quevrons d'or, à une molète d'argent.

63. M. JEHAN DEGUAREINCHIÈRES (*sic*). — Semblablement, à un lambel d'asur.

64. M. GUY DE GUAREINCHIÈRES, dit le BAVOUS (ou BANOUS). — De gueules, à trois quevrons d'argent.

65. M. SON FILS. — Semblablement, à un lambel d'asur.

66. M. ROBERT DE VIEULPONT. — D'argent, à VI angneaulx de gueules.

67. M. ROBINET DE VIEULPONT. — Semblablement, à un lambel d'asur.

68. M. JEHAN LESTENDART. — D'argent, à un lion noir rampant à la queue fourchiée.

69. M. PIERRE DE MESELEN (2). — D'argent, à un lion de gueules rampant à la queue fourchiée.

70. M. JEHAN DE MONTEGNY. (3). — D'or, à un escuçon de gueules.

71. M. HUE DE MONTEGNY — Semblablement, à un orle de coquilles d'asur.

72. LE SIRE DE VINAY. — D'argent, à un lion vert rampant.

73. M. LEGIER D'ORGESY. — Achiqueté d'argent et de noir.

74. M. JEHAN D'ORGESY. — Semblablement, à un escuçon de *Richebourg*.

75. M. JEHAN DE MENOU. — De gueules, à I bende d'or.

76. M. HERVIEU LETOR. — D'argent, à II fesses noires.

77. M. RICHART DE COURT TREMBLAY. — Fessy (fascé) d'or et de vert de VI pièces.

78. M. HUE DE VILLIERS. — D'or, à une bende d'asur, à un lambel de gueules.

79. M. AMAURI DE VILLIERS. — Semblablement.

(1) Garencières. — (2) Messalan, près Pontoise. — (3) Montigny.

80. LE SIRE DE MITRY. — D'argent, à une bende de gueules, à une orlle de molètes de gueules et un escuçon de *Dammartin*.

81. M. GUILLAUME CRESPIN.—Fessié (fascé) de VI pièces d'argent et de gueules, fizellé de l'un en l'autre.

82. LE SIRE DE MAUSEGNY. — D'argent, à une croix noire, à une orlle de merlètes noires.

83. MESSIRE ROBERT DE MAUSEGNY. — Semblablement, à une coquille d'or sur la croiz.

84. LE SIRE DE LISARCHES (1). — D'argent, à un lion de gueules rampant, à un escarlibuche (escarboucle) d'or.

85. M. GUY LE BOUTEILLIER. — Escartellé d'or et de gueules.

86. M. PIERRE HANGIERVILLIER (2). — D'argent, à une fesse de gueules.

87. M. PHILIPPE D'ANGIERVILLIER. — D'or, à III angneaulx noirs.

88. M. GUILLAUME DU CHASTELLIER — D'or, à une croix noire patée et eslaisié.

89. M. GUILLAUME POUCANE.—D'argent, à une quinte feulle noire.

90. M. GUILLAUME MAUVOISIN. — D'or, à II fesses de gueules, à une molète noire.

91. M. JEHAN MAUVOISIN. — Semblablement, à un baston d'or.

92. LE SIRE DE SAINT-ANDRIEU. — Semblablement, à un lambel d'asur.

93. M. HAGUENY DE BOUVILLE.—D'argent, à une fesse de gueules, à trois angneaulx d'or sur la fesse, à un lambel d'asur.

94. M. CHARLES DE BOUVILLE. — Semblablement, à un baston d'asur.

95. M. PHILIPPE DE GUIECOURT. — De gueules, à VI aigueletes (aiglettes d'argent).

96. M. JEHAN LE VENEUR.—D'argent, à une croiz de gueules, à un lion noir rampant.

(1) Luzarches (Seine-et-Oise). — (2) Angervilliers (Seine-et-Oise).

97. M. BRUNAULT DE SAINT-CLER.—Semblablement, à un lambel de gueules.

98. LE SIRE DE CHANEVIÈRES. — Noir, à I sauteur (sautoir) d'argent, à IIII fleurs de lis d'or.

99. M. REGNAULT DE GUOILLES. — D'or, à trois tourteaulx noirs.

100. M. THIBAUD DE FLOURI (1). — D'asur, à un sauteur d'argent à IIII verres (vairs) d'argent.

101. LE SIRE DE NEUVILLE (2). — D'or, à I chief noir.

102. M. ADAM LE BRUN. — Semblable, à I lambel d'argent.

103. M. VAURU DE VOIR (3). — D'asur, à IIII poings d'or (4).

104. M. JEHAN PLAINVILLIER. — D'asur, à II fesses d'or.

105. M. JEHAN D'AINDESEL.—D'or, à un lion de gueules rampant, à un baston d'ermines.

106. M. SELVESTRE D'AINDESEL (5).— Semblablement, le baston engreslé.

107. M. TERCHELET DE LIEUENCOURT (6). — D'or, à III levriers noirs passans collereiz onglés et demi coverz d'argent, à une bordeure de gueules.

108. M. JEHAN DE DREUES (7).—Escartelei (écartelé) d'argent et de noir.

109. M. GAUVAIN DE DREUES. — Eschiqueté d'or et d'asur, à un baston de gueules.

110. M. LOUIS DE MAREGNY (8). — D'asur, à II fesses d'argent.

111. LE SIRE DE PERCY. — De gueules, à I chief d'argent.

112. M. JEHAN MOLEHIER.— De gueules, à une fesse d'argent, à VI coquilles d'argent.

113. M. MARTIN DES ESSARS (9).—De gueules, à III croissans d'or.

(1) Fleury. — (2) Neuville, en Mantois. — (3) *De Voir*, lis. : De Ver. Il y en a deux en *Seine-et-Oise*, un en *Oise* et un en *Seine-et-Marne*. — (4) *Lisez :* De quatre points d'or équipolés à cinq d'asur. — (5) Andrezelles (Seine-et-Marne). — (6) Liancourt (Oise). — (7) Dreux. — (8) Marigny. Il y en a un en Brie et un autre en Valois. — (9) Les Essarts. Il y en a deux en *Seine-et-Oise*, l'un près de Versailles, l'autre près de Magny.

114. M. PÉPIN DE CESSARS (1).—Semblable, à I lambel d'argent.

115. M. JEHAN DE CESSARS. — D'asur, à une bande coutichié, d'argent et de gueules.

116. M. ADAM BOUEL.—Paillez d'argent et d'asur de VI pièces, à une fesse de gueules.

117. M. HÉRON DE MAIL.—De gueules, à I fer de moulin d'argent.

118. M. PERCHEVAL DE GUARENES. —D'or, à deux haches d'asur renversées l'une contre l'autre.

119. M. MAUPAS DE MAROLLES (2). — Bandei (bandé) d'argent et de gueules de VI pièces.

120. M. JEHAN VERTSELLES (3). — D'asur, à un chief d'or, à VI tourteaulx ou pié, à une meslète (merlette) de gueules ou chief.

121. M. YVON CHOLET. —Bendé d'argent et de noir de VI pièces.

122. LE SIRE DE BANTELEU (4).—D'or, à I fesse de gueules à VI meslètes de gueules.

123. LE SIRE D'ANESY. — Bendé d'or et de noir de VI pièces, à I quartier de gueules, à I lioncheau d'or rampant en quartier à la queue forchiée.

124. LE SIRE DE VENTOILLET.—Losenger d'argent et de gueules à un chief d'or.

125. M. JEHAN DE FOREST. — De gueules, à une orlle de merlètes d'argent.

126. M. LANCELOT DE SAINT-MARC (5).—De gueules, à une bende d'argent engreslée.

127. M. FLORINIET DE CELLY (6). — De gueules, à une orlle de merlètes d'argent, à un escuçon de *Saint-Marc*.

128. M. PIERRES DE CRIÈVECUEUR (7). — D'argent, à un sautour noir.

(1) *Pépin de Cessars*, lis.: des Essarts, comme plus haut.— (2) En Hurepoix (arrondissement de Corbeil). — (3) Peut-être Jean de Versailles. — (4) Bantelu (en Vexin).—(5) Saint-Mars, près Versailles.— (6) Cély-en-Bière (arrondissement de Melun). — (7) Crèvecœur (arrondissement de Coulommiers).

129. M. JEHAN DE CRIÈVECUEUR. — Semblablement, à un lioncheau d'or sur le premier bras du sautour (sautoir).

130. M. JEHAN DE SAINT-LUYS. — D'ermine à trois queues de gueules (1).

131. M. JEHAN DE MARCOVILLE (2). — De gueules, à trois quevrons d'ermine.

132. M. JEHAN BONEL. — De gueules, frecté d'or.

133. M. JEHAN FAUCONNIER. — D'argent, à VI losenges de gueules voidiés (vidées).

134. M. JEHAN DE LA FAUCONNIÈRE. — Fessez (fascé) d'argent et de vert de VI pièces.

135. M. REGNAULT LE BAVOUS. — Semblablement, à une bordeure de gueules.

136. M. ROBERT BAILLEDART. — De gueules, à une fesse d'or, à VI meslètes d'or.

137. M. JEHAN DE LISI (3). — D'argent, à une fesse de gueules, à VI meslètes de gueules.

138. M. PHILIPPE DAINGAY (4). — De gueules, à I chief d'or.

139. LE GUALOIS DAINGAY. — Semblablement, à un escuçon de *Montmorenchy*.

140. M. PARCHEVAULX DE POMMEURE (5). — De noir, à VII fleurs de lis d'or, à I lion d'argent rampant. Et les portent tous ceulx *d'Atheinvillier*, à diférences.

141. LE SIRE DE LINÈRES (6). — De gueules, à une fesse d'argent, à VI tourteaulx d'or.

(1) Bien que le terme de queue s'applique, en blason, à la fourrure d'hermine, ce ne peut être le cas ici, car il y auroit couleur sur couleur, ce qui n'a jamais lieu. Il faut donc lire : D'hermine à trois *quevrons* ou chevrons de gueules. — (2) Marcouville (arrondissement de Pontoise). — (3) Lisy-sur-Ourcq (arrondissement de Meaux). — (5) Peut-être pour Dangu? (arrondissement de Poissy). — (4) *Pommeure.* Il y un Pommereux en Vexin et un Pommeuse en Brie. — (6) Lignières (Seine-et-Oise).

142. M. ROBERT DE VARENNES.—Fessez d'ermine et de gueules de VI pièces.

143. M. TAUPIN DE CHANTEMERLE. — D'asur, à I bende d'argent à III coquilles de gueules sur la bende.

444. M. JEHAN DU FAY DE MONTCHEVREL (1).— De noir, à I chief d'or, à I demi-lion d'argent ou chief.

145. M. OISAUX DU FAY.— D'argent, à un croissant de gueules, à une orlle de merlètes de gueules.

NORMENDIE

146. LE CONTE D'EU. — D'asur, à un lion d'or rampant billeté d'or.

147. LE CONTE DE HARECOURT (2).—De gueules, à deus fesses d'or.

148. MONSEIGNEUR LOYS DE HARECOURT. — Semblablement, à un escuçon de *Parlenoy*.

149. MONSEIGNEUR JACQUES DE HARECOURT. — Semblablement, à un escuçon d'*Aumaile*.

150. M. GUILLAUME DE HARECOURT.— Semblablement, à un baston d'asur.

151. LE SIRE DE BICQUEBEC (3).— D'or, à un lion vert rampant onglé et couronné d'argent.

152. LE SIRE DE FAUGUERNON (4). — Semblablement, à un baston de gueules.

153. LE SIRE D'ESTOUTEVILLE (5). — Bareley d'argent et de gueules, à I lion noir rampant.

154. LE SIRE DE GRARVILLE (6).—De gueules, à III frémalx d'or.

(1) En Vexin — (2) Harcourt (Eure). — (3) Briquebec (Manche). — (4) Calvados (Lisieux). — (5) Etouteville (Seine-Inférieure, Yvetot). — (6) Graville (Seine-Inférieure, Harfleur).

155. LE SIRE DE PLANEZ.— Semblablement, à un lambel d'azur,

156. LE SIRE DE HAMBIE (1).— D'or à dous fesses d'azur, à une oille de merlètes de gueules.

157. LE SIRE DE LA FERTÉ. — D'or, à un aigle de gueules à pié et à bec d'azur, escarlaté contre, de noir à un lion d'argent rampant à la queue fourchiée.

158. LE SIRE DE PRÉAULX. — De gueules, à un aigle d'or.

159. LE SIRE DE BLENVILLE. — D'azur, à une croiz d'argent à croizètes d'or recroizetées.

160. LE SIRE DE FERIÈRES. — De gueules, à I escuçon d'ermine, à une oille de fers à cheval d'or.

161. LE SIRE DE TIBOUVILLE (2). — D'ermine, à I fesse d'argent.

162. LE SIRE DE COULONCHES. — Fessez d'argent et d'azur de VI pièces.

163. LE SIRE DE BEAUMESNIL. — De gueules, à deus fesses d'hermine.

164. LE SIRE DE TILLIC. — D'or, à une fleur de lys de gueules.

165. LE SIRE DU MOLAY. — De gueules, à VI roses d'argent.

166. M. JEHAN PAYNEL DE MARCQ. — D'or à II lions passans de gueules.

167. M. OLIVIER PAYNEL DE MOIENI.—Semblablement, à un lambel d'azur.

168. LE SIRE DE LA ROCHE TAISSON. — Fessez d'ermines et de paellé de VI pièces.

169. LE SIRE DE SERNON. — D'or, à un chief de gueules, à un lioncheau d'or passant ou chief.

170. LE SIRE D'ERNEVAL. — Palley d'or et d'azur de VI pièces, à un chief de gueules.

171. LE SIRE DE BASQUEVILLE (3). — D'or, à III marteaulx de gueules.

(1) Manche (Coutances). — (2) Thibouville (Eure, Brionne). — (3) Bacqueville.

172. LE SIRE DE ROUVERAY (1). — Bureley d'or et d'azur, à un lion de gueules rampant.

173. LE SIRE DE CLÈRE (2). — D'argent, à une fesse de paelle.

174. M. COLIBEAUX DE MALEMAINS. — De gueules, à trois maulx d'or.

175. LE SIRE DE SAINTE-BEVE (3). — D'azur, à trois angneaux d'argent.

176. LE SIRE DE FROUVILLE (4). — D'azur, à un chief d'or, à un lion rampant de gueules.

177. LE SIRE LE MAIESY (5). — Fessez d'or et de gueules de VI pièces, à fleurs de lis de l'un en l'autre.

178. LE SIRE DE MORTEMER. — Fessez d'or et de vert de VI pièces, à fleurs de lis de l'un en l'autre.

179. LE SIRE DU MELLE. — De gueules, à trois raiez d'argent.

180. M. GUILLAUME DU MERLE. — Semblablement, à une molète noire.

181. LE SIRE DE SAINT MARTIN. — D'or, billeté de gueules.

182. LE SIRE DE BAILEUL. — De gueules, à un fer de moulin d'argent, à croizetes d'argent, au pié long.

183. LE SIRE DE SAQUINVILLE (6). — D'ermine, à un aigle de gueules à pié et bec d'azur.

184. LE SIRE DE TEINVILLE. — D'argent, à II bandes de gueules, à VII coquillètes de gueules.

185. LE SIRE DE HOUDETOT (7). — D'or, à VI pourceaulx noirs.

186. LE SIRE DE TOURNEBU (8). — D'argent, à 1 bende d'azur.

187. LE SIRE DE MARBEUF. — Semblablement, l'escu billeté de gueules.

188. LE SIRE DE TORIGNY (9). — D'argent, à I croissant de gueules, à un lambel d'asur, à une molette noire.

(1) Rouvray. — (2) Clères, à quatre lieues N. de Rouen. — (3) Sainte-Beuve-aux-Champs (Seine-Inférieure). — (4) Près Pontoise. — (5) Maizy ou Maisy (Calvados). — (6) Saqueinville (Eure). — (7) (Seine-Inférieure). — (8) (Manche). — (9) Thorigny (Manche). En marge, d'une main moderne, *Mauny*.

189. LE SIRE DE BEUSEVILLE (1). — D'argent, à une fesse noire, à III quintes feulles noires.

190. LE SIRE DE LOUVIGNY (2). — D'argent, à trois quevrons d'azur.

191. LE SIRE DE BEAUFOU. (3). — D'argent, à un lion rampant de gueules billeté, de gueules.

192. LE SIRE DE HOUTOT, EN CAUX. — D'azur, à un lion d'or rampant, à molettes d'or semées.

193. LE SIRE DE MONTEGNY (4). — Contichié d'or et de gueules, à un quartier de gueules, à une oille de coquilles d'argent entour le quartier.

194. LE SIRE D'AUNOUF (5). — D'argent, à une fesse de gueule, à trois eglètes de gueules à pié et bec d'azur.

Bachelers.

195. LE SIRE DE CREULY (6). — D'argent, à III lioncheaux de gueules rampans.

196. LE SIRE DE COURSEULLE (7). —Eschiqueté d'or et de gueules.

197. M. RICHART DE CREULY. — D'argent, à III lioncheaux de gueules rampans, à un lambel d'azur.

198. M. FOULQUES PAINEL. — D'or, à II fesses d'asur, à une oille de merlètes de gueules, à un escuçon de *Chantelou* qui est losengié d'or et de noir.

199. M. RAOUL PAINEL. — Semblablement, à une bordeure de gueules.

(1) Beuzeville. Il y en a sept en Normandie. — (2) Un dans le Calvados, et un dans l'Eure. — (3) Beaufour (Calvados) — (4) Montigny (Manche). — (5) Aunou (Orne). — (6) Creuilly (Calvados). — (7) Courseule-sur-Mer (Calvados).

200. M. NICHOLE PAINEL. — Semblablement, à une bordeure d'argent.

201. M. FOUQUET PAINEL. — Semblablement, à un quartier de *Briquebec*.

202. M. GUILLAUME PAINEL DE BRICQUEVILLE. — D'or, à 2 (*sic*) lions de gueules passans, à un baston d'azur.

203. M. GUILLAUME PAINEL D'AGNOU. — Semblablement, à un lambel d'azur.

204. M. FOUQUET PAINEL D'AIGNEAULX. — D'or, à dous fesses de vert, à VII merlètes de gueules.

205. LE SIRE DE COURCY (1). — D'azur, fretté d'or.

206. LE BAUDAIN DE LA HEUSE. — D'or, à trois heuses noir escartelées contre les armes d'*Erneval,* qui sont paallées d'or et d'azur de VI pièces, à I chief de gueules, à III molètes d'argent ou chief.

207. M. GUILLAUME DE VILLERS DU HOMMET (2). — Fessé d'argent et d'azur de VI pièces, à trois molètes noires ou chief.

208. LE SIRE DE VILLERS. — Semblablement, à un escuçon *Du Merle*.

209. M. OLIVIER DE VILLIERS. — Semblablement, à une meslète de gueules ou chief.

210. M. JEHAN DE VILLIERS. — Semblablement, à un escuçon *de Hambie*.

211. M. SAUVAIGE DE VILLIERS. — Semblablement, à un lambel de gueulles.

212. M. JEHAN DE VILLIERS. — Semblablement, à I eglet de gueules ou chief.

213. M. GUILLAUME DE VIERVILLE. — Semblablement, à une bende de gueules.

214. M. COLAS D'ESTOUTEVILLE (3). — Burelei d'argent et de

(1) Un dans le Calvados, et un dans la Manche.— (2) Le Hommet (Manche). — (3) Étouteville (Seine-Inférieure).

gueules, à I lion noir rampant, à une corelle d'or sur l'espaule du lion.

215. M. ROBERT D'ESTOUTEVILLE. — De *Raminer*, à un baston d'or.

216. M. JEHAN D'ESTOUTEVILLE DE TERSY. — Semblablement, à une coleur d'or entour le coul du lion.

217. M. LOIS D'ESTOUTEVILLE DU BOCHET. — Semblablement, à I fleur de lis d'or sur l'espaule du lion.

218. M. ESTOUT DE GROICHET. — Semblablement, à III coques noires.

219. LE BARRES DU HETRAY. — A II bars noirs estans.

220. M. COLAS DE CREQUEBEUF (1). — Semblablement, à une quinte fieulle noire.

221. M. REGNAULT DE BRAQUEMONT (2). Noir, à quevron d'argent.

222. M. BRAC DE BRAQUEMONT, son filz. — Semblablement, à un braquet noir sur le quevron.

223. M. LIONNEL DE BRAQUEMONT. — Semblablement, à un lambel de gueules.

224. LE SIRE DE HELLEINVILLIER. — D'argent, à une fesse de gueules, à trois esglez d'azur.

225. M. CLAMDRI DE HELLEVILLIER. — Semblablement, à un escuchon de *Guarenchières*.

226. M. SON FILZ. — Semblablement.

227. HENRI LE CONTÈRE, dit LALEMANT. — Porte chevronné d'or et de sable de VI pièces, à un quartier de gueules, un lion d'argent rampant onglé et couronné d'or sur le quartier, et sur l'espaule du lion une molète d'azur.

228. M. ACARIZ DU HOMMET. — Fessez d'or et de gueules de VI pièces, acartelez de l'un en l'autre.

229. LE SIRE DE BLARI, SON FILZ (3). — Semblablement, à I lambel d'argent.

(1) Criquebœuf. Il y en a trois en Normandie (Calvados, Eure et Seine-Inférieure). — (2) Arrondissement de Dieppe. — (3) Blaru? (arr. de Man-

230. LE SIRE DE MORFARVILLE. — De gueules, à une bende d'or à croizetes d'or recroizetées.

231. M. GUILLAUME DU BRUCOURT (1).—Fessés d'or et de gueules de VI pièces, à fleurs de lis de l'un en l'autre, à I baston d'azur.

232. M. GUILLAUME DE MANNEVILLE (2). — De gueules, à un aigle d'argent, à II testes à pié et à teste d'or.

233. M. JEHAN DE HOTOT. — D'argent, à une fesse d'azur, à IIII aigles d'azur (*correction*), de sable.

234. LE SIRE DE BEAUMONT LE RICHART (3). — Semblablement, à un lambel de gueules.

235. M. GUILLAUME LE BIGUOT. — De gueules, à une bende d'argent, à croizetes d'or.

236. M. GIRARD DE TOURNEBU. — D'argent, à une bende d'azur, à une molète de gueules, à un escuçon d'*Auvilliers* qui est d'or, à un sauteur de gueules, à quatre égles de gueules.

237. M. ROBERT DE TOURNEBU. — D'argent, à une bende d'azur, à un escuçon de paraulx (*pareil*, c'est-à-dire d'argent).

238. M. JEHAN DE TOURNEBU DE MOLESES (*sic*).—Semblable, à une molète de gueules.

239. M. GUILLAUME DE TOURNEBU. — Semblable, le fai biletté de gueules.

240. M. PIERRES DE TOURNEBU DE MARBEU. — Semblable, à I molète d'or sur la bende.

241. M. TAUPIN DE TOURNEBU. — Semblable, à un escuçon de *Bailleul* qui est parti d'argent et de gueules.

242. M. GUILLAUME DE ROUVROU (4). — D'ermine, à quevron de gueules, à III rais d'azur sur le quevron.

243. M. GUILLAUME DE BRIQUEVILLE, SIRE DE LAUNAY,— Pallé d'or et de gueules de VI pièces.

tes). En surligne *Jaquet*. Au bas de la page addition moderne. Le sire de Blary, — d'hermine à un aigle de gueulle à pié et bec d'azur.

(1) (Calvados). — (2) Il y en a neuf en Normandie. — (3) Beaumont-sur-Dive. — (4) (Calvados).

244. M. GUILLAUME DE LA HAIE DE NEAUHOU. — D'or, à un sauteur d'azur.

245. M. JEHAN DE LA HAIE DE MONBRAY. — Semblablement, à un lambel de gueules.

246. M. JEHAN DE LA HAIE DE DARENDEVILLE. — Semblablement, à Vègles d'argent sur le sauteur.

247. M. GUILLAUME DE LA HAIE, son fils. — Semblablement, à un lambel de gueules.

248. M. JEHAN DE LA HAIE, son frère. — Semblable, à I quartier de *Vauville* qui sont de gueules arculé d'argent, à mesclour d'argent.

249. M. JEHAN DE LA HAIE HUE. — D'argent, à trois escuçons de gueules.

250. M. HUE DE LA HAIE DE VILLE BAUDOU. — De gueules, à III escuçons d'argent grenetés d'or.

251. M. JEHAN DE LA HAIE D'AIGNEAULX. — Semblablement, à un quartier de *Coulonces ?*

252. M. JEHAN TESSON DE HENEVILLE. — Fessés d'ermine et de paaillé de VI pièces.

253. M. RAOUL TESSON. — Semblable, à I baston de gueules.

254. M. JEHAN TESSON DE L'ESPINEY. — Semblable, à I lambel de gueules.

255. M. GAUVAIN DE TOULEVAST. — D'argent, à V losenges de gueules, à un lambel d'azur.

256. M. GUILLAUME CARBONNEL DE BRÉVAIN. — D'azur, à un chief de gueules, à III tourteaulx d'argent.

257. M. RICHARD CARBONNEL. — Semblablement, à I quevron d'or.

258. M. HUE CARBONNEL DE CANEGIE. — Semblable, à III tourteaulx d'hermines.

259. M. JEHAN CARBONNEL DE HEUGUEVILLE (1). — D'azur, à I chieuf de gueules, à trois raiz d'argent.

(1) Heugueville (Manche).

260. LE SIRE CHIFREVAST (1). — Bendé d'argent et de noir de VI pièces.

261. M. ROBERT D'OCTEVILLE (2). — D'argent, à III esgles de gueules.

262. M. HENRY DE TROUSSEAUVILLE (3). — De noir, à I fer de molin d'or.

263. M. LE GALOIS DE TROUSSEAUVILLE, son filz. — Semblable, à un lambel de gueules.

264. M. THOMAS DE LA LIZERNE (4).—D'azur, à I fer de moulin d'or, à cinq coquilles de gueules sur le fer de moulin.

265. M. GUILLAUME ROUSSEL. — D'argent, à I chieuf de gueules, à I fer de molin d'or en chief.

266. M. GUILLAUME DE BRULLY.—D'azur, à I chief de gueules (*sic*) rampant oinglé et couronné d'or.

267. M. ROBERT DE PIROU (5). — De vert, à une bende d'argent, à deux coutichez d'argent.

268. M. GUILLAUME DE PIROU DE MONT-PINCHON. — Semblablement, à I lambel de gueules.

269. M. RAOUL DE BRULI. — D'argent, à I chief d'azur, à I lion de gueules rampant onglé et couronné d'or.

270. M. GUILLAUME AS ESPAULLES. — De gueules, à une fleur de lys d'or, un quartier de *Moustiers* qui sont d'argent, à une bende d'azur frectée d'or.

271. M. JEHAN DE TILLE DE GRENETOT. — D'or, à une fleur de lis de gueules, à I lambel d'azur besanté d'argent.

272. M. FERRANT DE TILLI DE BOUISSET *ou* BONISSET. — Semblablement.

273. M. JEHAN DE TILLI DE CHAMBRAY (6). — Semblablement, le label tout plain.

(1) (Manche). — (2) Deux dans la Manche, un dans la Seine-Inférieure. — (3) (Calvados). (4) La Luzerne (Manche). — (5) (Manche). — (6) Chambray (Eure).

274. M. JEHAN DE SAINT-GERMAIN. — Semblablement, à I baston d'azur.

275. M. RAOUL DE BEACHAMP (1). — D'azur, à II jumelles d'or, à I lionceau d'or passant en chief.

276. PHILIPPE DE SAINT-DENIS. — De gueules, à II jumeles, à I lion d'or passant en chieuf.

277. M. HENRY DE SAINT-DENIS, son filz. — Semblablement, à I lambel d'azur.

278. M. JEHAN MURDIAC DE POTEREL. — Semblable, à I baton d'azur.

279. M. RAOUL D'ARGOGES (2). — Escartelé d'or et d'azur, à III fieules de gueules.

280. M. GUILLAUME D'AGOGES filz. — Semblable, à I label dan ? d'argent.

281. M. JEHAN DE CHAMPAINE. — D'azur, à III mains d'or.

282. M. JEHAN DE LA CHAMPAINE, son filz. — Semblable, à I lambel de gueules.

283. M. GUILLAUME DE MONTENAY. — D'or, à II fesses d'azur, à une oille de coquilles de gueules.

284. M. JEHAN DES MOUSTIERS (3). — D'argent, à une bende d'azur frecté d'or.

285. M. JEHAN DES MOUSTIERS D'ASIE. — Semblablement, à I lionceau de gueules en la penne de l'escu.

286. M. RAOUL DES MOUSTIERS DE LA ROQUELLE. — Semblablement, à une moleste de gueules.

287. M. GILBERT DES MOUSTIERS DE BELLEVAL. — Semblablement, à une ègle de gueules.

288. M. PIERRE DES MOUSTIERS, dit VALIQUET. — Semblablement, à une molette de gueules.

289 M. ROBERT DE GRÉMONVILLE (4). — Semblablement, à I lambel de gueules.

(1) Beauchamp (Manche). — (2) Argouges (Manche). — (3) (Calvados). — (4) (Seine-Inférieure).

290. M. NICOLAS DE GRÉMONVILLE. — Semblablement, à I lambel de gueules (*sic*).

291. M. NICOLLE D'ARGENCES. — D'azur, à III fermaux d'or greneté d'or.

292. M. ROBERT D'ARGENCES. — De gueules, à une fleur de lis d'argent.

293. M JEHAN DU BOIS. — D'or, à un ègle noir à pié et à bec de gueules.

294. M. GUILLAUME DE PERCHIE (1) — De noir, à I chief d'or endenté de l'un en l'autre.

295. M. ERART DE PERCIE. — Semblablement, à I bâton de gueules.

296. M. GUILLAUME DE VOILLIE. — Semblablement, à III engnelez de gueules.

297. M. GUILLAUME DE MEAUTIZ (2). — De gueules, à III lozenges d'or vieudées.

298. M. JEHAN DE MEAUTIZ. — Sembl., à I lambel d'asur.

299. M. DRUY DE MEAUTIZ. — Semblablement comme les dessusdiz, à I bâton de gueules.

300. M. ROBERT DE CÈRE *ou* TERE. — D'argent frellé d'azur, à un quartier de gueules.

301. M. GUILLAUME DE MARI. — D'argent, à I chief de gueules, à III roses d'or ou chief.

302. M. GUILLAUME DU BURET. — D'argent, à III tourteaulx noirs.

303. M. NICOLLE DU BURET. — Semblablement, à I lambel de gueules.

304. M. JEHAN DE LA CARBONIÈRE. — Semblablement, à I lambel de gueules (*sic*).

305. JEHAN DE BOUTEMONT. — De noir, à III tourteaulx d'argent.

306. M. HENRY DE GUYHERBERT. — D'argent, à II bendez de gueules, à VII coquilles de gueules, à I lambel vert.

(1) Percy? (Manche et Calvados) — (2) Méautis (Manche).

307. M. GUILLAUME SERVAIN DE SAINT-PAER. — De gueules, à une bende de vert, à VI coquilles d'or.

308. M. GAUVAIN SERVAIN. — Semblablement, à II lionceaulx d'or.

309. M. ROBERT D'OISY (1). — D'azur, à VI lozenges d'or vieudées.

310. M. ROLLAND DE VERDUN. — D'or frecté, de noir.

311. M. GUILLAUME DE LEMOINGNE. — Semblablement, à I quartier noir.

312. M. RICHART LEMOINNE. — Semblablement, à un escuçon d'azur et six ongles d'argent sur l'escuçon.

313. M. GUILLEBERT DE CAMBRAY. — D'azur, à III lionceaulx d'or rampans.

314. M. JEHAN DE CAMBRAY DE VAULX (2). —Sembl., à I lambel de gueules.

315. M. ROBERT DE LA FOSSE. — De noir, à bende d'ermines endentée, à III meslons? d'ermine, à une bordeure de gueules besanté d'or.

316. M JEHAN DU BOIS-YVON. — Pallay d'argent et d'azur de VI pièces, à une bende de gueules.

317. M. GUILLAUME BACOIN (3). — De gueules, à VI roses d'argent, à un baston d'argent.

318. M. JEHAN BACOIN. — De lamdeles *ou* laindeles, à une bordeure d'argent.

319. M. GUILLAUME DE ROCHEFORT DE DOY. — Semblablement, à un lambel d'azur.

320. M. JEHAN DE ROCHEFORT. — Semblablement, à une croix d'azur, à V molettes d'or sur la croix.

321. M. GUILLAUME MATIEU. — D'azur, greneté d'or, à un quartier d'ermine, à trois escuçons de gueules en quartier, à un baston d'azur sur le quartier.

(1) *Daste*, corr. — (2) *Preaulx*, corr. — (3) On peut lire Bacom.

322. M. RAOUL FAOULT.—D'azur, à trois faulx d'argent enmanchiez d'or.

323. M. ROBERT TESART. — D'or, à une fesse d'azur, à une rose de gueules en chief.

324. M. EINGUERRANT DE VAUCHEULES (1). — D'argent, à un chief de gueules, le chief bilecté d'or.

325. M. JEHAN DE SILLY (2). —D'ermine, à une fesse de gueules danchié, à trais (*sic*) tourteaulx de gueules.

326. M. RAOUL PATRI. — De gueules, à trais raiz d'argent grenetés d'or.

327. M. ROBERT PATRI. — Semblablement, à I lambel d'azur.

328. M. RAOUL PATRY. — Semblablement, à I escuçon de *Bonneboes*.

329. M. ROBERT DE VASI (3). — D'argent, a III tourteaux noirs.

330. M. PHILIPPE DE VSAY DE BOUQUETOT (4). — Semblablement, à un lambel de gueules.

331. M. GUY DE VASSY.—Semblablement, à I baston de gueules.

332. M. ROBERT DE SAINAY *ou* SARNAY. — Semblablement, à une bordeure de gueules.

333. M. MICHEL DE VILAINEZ. — Geronné d'argent et de noir de VI pièces.

334. M. JEHAN DE LA FERRIÈRE. — D'or, à VI fers à cheval d'azur.

335. M. JEHAN MALERBE DE SAINT-VINGUEIN. — D'ermine, à VI roses de gueules.

336. M. RICHART MALERBE DE LA MEAUFE (5). — D'or, à II jumelles de gueules et deux lionceaulx de gueules en chief passans l'un contre l'autre.

337. M. PIERRE DE LA MEAUFE.— De vert, à III fleurs de lis d'or.

(1) Vaucelles (Calvados), ou Vauchel (Seine-Inférieure). — (2) Silli en Gouffern? (Orne). — (3) Vassy (Calvados). — (4) Bouquetot (Eure). — (5) La Meauffe)Manche).

338. M. JEHAN DE PONTAUDEMER. — De gueules, à un pont d'argent, à un lionceau d'or passant en chief.

339. M. JEHAN DE FONTAINEZ DE BACQUETOT. — De gueules, à trois tourteaux d'argent.

340. M. GUILLAUME DE FONTAINES. — Semblablement, à I quartier de vair.

341. M. RAOUL DE GUIBERVILLE (1). — D'or (do) *sic*, à un fanon vert.

342. M. JEHAN DE MARLOT. — De gueules, à trois marlos d'argent.

343. M. GUILLAUME DE MAILOT. — Semblablement, à I lambel d'azur.

344. M. JEHAN DE BIAUFAICTE (2). — De vert, à un ègle d'or.

345. M. JEHAN DE COURTONNE (3). — D'argent, à III trèfles d'or.

346. M. ROBERT DE FRAIDEL. — De gueules, à III coquilles d'argent.

347. M. GUILLAUME DE GAUVILLE (4). — De gueules, à un chief d'ermine.

348. M. GUY DE GAUVILLE. — Semblablement, à une molete d'azur en chief.

349. M. JEHAN DE TROUSAUVILLE. — De noir, à un fer de moulin d'or, à une molecte de gueules.

350. M. GUILLAUME D'ORBEC (5). — D'or, à un lion de gueules rampant.

351. M. JEHAN D'ORBEC. — Semblablement, à un lambel d'azur.

352. M. JEHAN DE LA HAIE. — De gueules, à III lozanges d'or bordes.

353. M. GASSE DE VILLIERS (6). — De gueules, à un lion d'argent billeté de argent.

(1) Arrondissement de Dieppe. — (2) On a corrigé, Bienfaite. — Beaufay (Orne). — (3) Courtonne la Meudrac (Calvados). — (4) Un dans l'Orne, un autre dans l'Eure. — (5) Cal-vados. — (6) Eure.

354. M. PIERRET D'AMFREVILLE (1). — D'argent, à un ègle noir à pié et à bec de gueules.

355. M. JEHAN MARTEL.—De gueules, à trois marteaulx d'argent.

356. M. JEHAN MARTEL D'ANGIERVILLE (2). — D'argent, à trois marteaulx de gueules.

357. M. JEHAN D'YVETOT (3). — D'azur, à une bende d'or à III cotices d'or, p. 38.

358. M. JEHAN DE BONNEBOSC (4). — D'azur, à III fremaux d'or.

359. M. JEHAN DE REUX (5). — De gueules, à une reue d'argent.

360. M. GUAYE DU PLESSEIS. — Pallé d'argent et d'azur à un chief de gueules.

361. M. JEHAN DU PLESSEIS DE LA POTERIE. — Semblablement, à I lionceau d'or passant en chief.

362. M. GUIFFROY DU PLESSEIS DE DAMEGUI. — Semblablement, à un lambel d'or.

363. M. GUILLAUME DE MONTAGU (6). — D'argent, à II bendes noires, à VII coquilles de noir.

364. M. ROBERT DE LA ROCHELLE (7).— De gueules, à II bendes d'argent, à VII coquilles d'argent.

365. M. ROBERT DU COUR. — D'azur, à II bendes d'argent, à VII coquilles de argent.

366. M. FRALIN DE HUÇOM.— D'azur, à VI annelets de gueules.

367. M. BORTAULT DU HUÇOM. — Semblablement, à I lambel de gueules.

368. M. GUY DE HUÇOM. — Semblablement, à I quartier de gueules.

369. M. HENRY DE HUÇON. — Semblablement, à un quartier *de Baselles*.

370. M. PIERRE DE RUAULT. — Paaselé d'or et d'azur de sieux pièces.

(1) Il y en a sept en Normandie. — (2) Angerville. Il y en a quatre en Normandie. — (3) Seine-Inférieure. — (4) Calvados. — (5) Calvados. — (6) Montaigu (Manche). — (7) La Rochelle (Manche).

371. M. JEHAN DE CRANES. — D'azur, à III quintes fieules d'or.

372. M. TESTART DE CRANES. — Semblablement, à I lambel de gueules.

373. M. GUILLEBERT MALEMAINS.—D'or, à trois mains de gueules.

374. M. FRALIN MALEMAINS. —Semblablement, à I lambel d'azur.

375. M. GUILLAUME AVENEL DES BRAS. — De gueules, à trois aigles d'argent.

376. M. FRALIN AVENEL.—Semblablement, à I lambel de gueules.

377. M. ROBERT RENIERS. — D'argent, à VI lozanges de gueules.

378. M. ROBERT DE MANGNEVILLE (1). — D'or, à I lion de gueules rampant, onglé et couronné d'azur.

379. M. ROGIER LE MASNIER. — D'or, à I quevron noir, à une bordeure de gueules.

380. M. GIRAT DESQUAY. — D'argent, à I quevron noir.

381. M. NICOLE LE BAIS. — D'argent, à une croix, de gueules et cinq fermaux d'or sur la croix.

382. M. RICHART DE CONDEY (2). — D'azur, à une fleur de lis de argent.

383. M. JEHAN DE FONTAINEZ. — D'or, à une bende d'azur, à un lambel de gueules.

384. M. MICHEL DE FONTAINEZ DE PRETESTOT.— Semblablement, à un lionceau de gueules.

385. M. GUILLAUME DE FONTAINEZ DU BOSC DE MAON. — Semblablement, le lambel besant (*sic*) d'argent.

386. M. EINGUERRANT DE MARREGNY (3).— D'argent, à II guales d'or, à un quartier d'ermine.

387. M. RICHART BACHOM. — Fessés d'argent et d'azur de VI pièces à un quartier de gueules.

388. M. JEHAN DE RUPALAY. — D'azur, à I chief de gueules, à III lozanges d'argent.

(1) Magneville (Manche). — (2) Condé-sur-Laison et Condé-sur-Noireau (Calvados). — (3) Marigny (Manche).

389. M. GUILLAUME DE LA MARE. — D'argent, à une croix de gueules, à une molecte noire.

390. M. GUILLAUME DE LISLE. — D'argent, à I lion noir rampant.

391. M. PHILIPEP SUHART DE SAINT-LAMBERT. — D'or, à une croix de gueules pleines.

392. M. PHILIPPE SUHART DE MONEFREVILLE. — De gueules, à une croix d'argent fleurée.

393. M. RAOUL D'AINQUETOVILLE (1). — De noir, à un lion d'argent rampant et couronné d'or.

394. M. HEBERT DE VIEUX. — Burellé d'argent et d'azur à un ègle de gueules.

395. M. THOMAS DE VIEUX. — Semblablement, à I lambel d'or.

396. M. ENGUERRANT DE CAMPT DU LORCY. — D'argent, à un roy de gueules.

397. M. JEHAN DE PREAUX. — D'argent, à un chief noir, à un lion de gueules rampant.

398. M. JEHAN DESOLE DE QUARRANTELLY. — D'azur, à II fessés d'or, à une oille de moslettes d'or.

399. M. GUILLAUME DE SOULLEGNY (2). — Parti d'argent et de gueules à II rais d'argent de l'un en l'autre.

400. M. HENRI DE SAINT-CLER (3). — D'argent, à III lionceaux de gueules rampans, à I lambel d'azur.

401. M. GUILLAUME DE CREUILLIS DE SAINT-QUENTIN. — Semblablement, à un baston d'azur.

402. M. GUILLAUME FERAY. — D'or, frecté d'azur à I chief de gueules.

403. M. NICOLLE CAMPION. — D'or, à un lion d'azur rampant, à un lambel de gueules.

404. M. GUILLAUME DE SAINT-HILAIRE (4). — De gueules, à III molettes d'or.

(1) Ou Auquetonville et Octonville. Il y a deux Octeville dans la Manche. — (2) Soligny la Trappe (Orne). — (3) Saint-Clair (Manche). — (4) Saint-Hilaire de Harcourt (Manche).

405. M. ROBERT DE TOURNAY. — D'ermine et de gueules endentes l'un en l'autre.

406. M. JEHAN DE CAROUIGES (1). — De gueules, à fleurs de lis d'agent.

407. M. GUY DE CALIGNY (2). — De noir, à III eglectes d'or.

408. M. JEHAN DE LONGY. — D'azur, à une quinte, feuille d'argent.

409. M. RICHARD DE CHAUMONT (3). — D'argent, à une fesse de gueules, à trois egletes de gueules.

410. M. GUILLAUME POUCIN DE CANTELOU (4). — De gueules, à un vol d'argent.

411. M. RICHART DE BRIONE (5). — De gueules, à II fesses, à trois tourteaux d'or.

412. M. CORDELIER DU MESNIL. — D'argent, à II jumelles de gueules, à un chief de gueules, à un lionceau d'or passant en chief.

413. M. TAUPIN DU MESNIL. — Semblablement.

414. M. GUILLAUME DU COUDRAY. — D'argent, au lionceau noir passant.

415. M. GUILLAUME SEMELLY. — De gueules, à I escuçon d'argent, à une oille de frémaux d'or.

416. M. JEHAN DE SEMELLY. — Semblablement, à I lambel d'azur.

417. M. ROBERT DE CHASTELU. — Lozangé d'or et de noir.

418. M. FOUQUES DE CHASTELOU. — Semblablement, à un escuçon d'*Aubegny*.

419. M. GUILLAUME DE THIBOVILLE (6). — D'ermine, à une fesse de gueules, à I lambel d'azur.

420. M. ROBERT DE THIBOVILLE. — Sembablement, à I escuçon de Créquie.

(1) Carouges (Orne). — (2) Caligny (Orne). — (3) Orne. — (4) En Calvados, Eure et Manche. — (5) Eure. — (6) Thibouville (Eure).

421. M. MANDIENT DE TIBOVILLE. — Semblablement.

422. M. MICHEL D'AVREVILLE.—Semblablement, à I baston d'azur.

423. M. JEHAN DE GASTEVILLE. — D'azur, à II jumelles d'argent, à I lionceau d'argent passant.

424. M. GUIART DE SAINT-MARCOUF (5). — D'ermine, à II fesses de gueules frectées d'or.

425. M. GAUVAIN DE VAUVILLE (1). — De gueules, à I pal d'argent, à VI niesles (ou mosles) d'argent.

426. M. GUILLAUME DE GROUCHIE. — De argent, à I lion noir rampant, à une bordeure de gueules.

427. M. NICOLLE DE GROUCHIE. — Semblablement, la bordeure besanté d'ór.

428. M. THOMAS D'OUREVILLE (2). — De vert, à I lion d'or rampant.

429. M. PHILIPPE DU FAY. — D'argent, à VI roses de gueules, à un lambel d'azur.

430. M. ROBERT DE FONTENAY (3). — D'ermine, à une fesse de gueules.

431. M. RAOUL DE FONTENAY DE GOUPILLECES. — Semblablement, les pour les fremaulx (*sic*).

432. M. FLOIRES GROSPARMY. — De gueules, à jumelles, à I lionceau d'ermine passant.

433. M. REGNAULT DE CARTELET. — De gueles (*sic*), à une fesse d'argent fisselé, à un lambel d'azur.

434. M. THOMAS DE CLAMARGAIN. — D'argent, à un egle noir, à une bordeure de gueules.

435. M. RICHART DE SANCHAY. — D'ermine, à I sauteur de gueules.

436. M. NICOLLE GROSPARNY. — A II jumelles d'ermine, à I lionceu d'ermine passant à un lambel d'azur.

(1) Manche. — (2) Ourville (Manche et Seine-Inférieure). — (3) Fontenay-Saint-Martin (Calvados).

437. M. THOMAS DU QUEMIN. — De gueules, à I lion d'ermine rampant.

438. M. LE GIRALOIS D'ARSY. — Quevronné d'or et de gueules de VI pièces.

439. M. JEHAN DE TENRAY. — De gueules, à un demi lion d'ermine rampant.

440. M. EUDES D'ARCHI. — Semblablement, à I lambel d'azur.

441. M. JEHAN DE GUOREMIEZ. — Géronné d'argent et d'azur de VIII pièces.

442. M. THOMAS PAYNEL. — D'azur, à I chief d'or, à un lion de gueules rampant.

443. M. COLLART DE BAILLIE. — D'argent, à une quinte fieulle noire.

444. M. JEHAN DE GAILLON BEUSQUILLE. — De gueules, à III lionceaulx d'or rampans.

445. M. JEHAN DE GAILLON DE GROULLAY. — Semblablement, à I lambel d'azur.

446. M. JEHAN DE CORMIEUL — D'or, à une fesse de gueules, à III tourteaulx de gueules.

447. M. PIERRES DE MOINEAULX. — D'ermine, à I escuçon de gueules, à un fermaillet d'or sur l'escuçon.

448. M. GILLEBERT DE PRULAY. — D'argent, à III lions vers passans.

449. M. ROBERT DE PRULAY DE FRESNOY. — Semblablement, à un baston de gueules.

450. M. JEHAN DE MATON. — Parti d'azur et de gueules, à II jumelles d'argent, à I lion d'argent passant ou chief.

451. M. PIERRES DE HAMARS OU HAVIARS. — D'argent frecté de gueules, à un quartier de gueules.

452. M. JEHAN DAISON. — Semblablement, à I lambel d'azur.

453. M. ROBERT DE LENDON. — Semblablement, à I fermaillet d'or en quartier.

454. M. PHILIPPE DE TRESMONS (1). — Parti d'argent et d'azur à une fesse de gueules denchié.

455. M. ALAIN DE CLINCHAMP. — D'argent, à un fanon de gueules.

456. M. NICOLLE TERTES. — Semblablement, à I baston d'azur.

457. M. ROBERT DE FONTENAY DU MESNIL TOUFRAY. — Esquartellé d'or et de gueules endentes.

458. M. JEHAN D'URVILLE (2). — D'argent, à une fesse d'azur, à une bordeure de gueules, à III rozettes ou chief.

459. M. ROBERT DE SILINELLES. — D'or, à I ègle noir à II testez.

460. M. RAOUL DE VAULX. — D'ermines, à I chief de gueules endenté de l'un en l'autre.

461. M. PHILIPPE DE HEVREVILLE. — D'argent, à III mains de gueules.

462. M. NICOLLE BARATE. — De noir, à III mains d'or.

463. M. GUY BUISCHART OU BRUSCHART. — D'argent, à une main de gueules, à une oille de merletez noires.

464. M. ROBERT DE LA PLAINQUE. — D'argent, à une main noire, à une oille de merletes noires.

465. M. GUILLAUME GOULAFFRE. — D'argent, à III mains (*sic*).

466. M. GUILLAUME DE LA RIVIÈRE (3). — D'argent, à II fesses de gueules.

467. M. ROBERT DE LA RIVIÈRE. — Semblablement, à I lambel d'azur.

468. M. JEHAN DE GIEUCOUR. — D'ermine, à une fesse de gueules danchée.

469. M. RICHART DOILLYE (4). — D'argent, à une bende de gueules.

470. M. PIERRES DE SURVIE (5). — Escartellé de burelle et de gueules.

(1) Trois-Monts, *Harcourt*. — (2) Manche et Calvados. — (3) Calvados. — (4) Ouilly (Calvados). — (5) Orne.

471. M. JEHAN DE BONVILLE (). — Paaley d'argent et de gueules de VI pièces.

472. M. JEHAN D'ANESY. — D'argent, à un lion noir rampant billecté de noir.

473. M. JEHAN BAPTESTE. — D'azur, à II fesses d'argent.

474. M. ROGIER DE CROYXILLES (2). — De noir, à V croixetes d'or recroixetées.

475. M. HENRY BON-ENFANT. — D'azur, à une fesse d'argent.

476. M. ROBERT D'O (OU DE) (3). — D'ermine, à I cief de gueules endenté de l'un en l'autre.

477. M. JEHAN DE NOUVANT. — D'argent, à I quevron d'azur.

478. M. ROBERT DE VIEULPONT (4) DE CHAILLOUE. — D'argent, à VI ennelas de gueules, à un quartier de gueules.

479. M. JEHAN DE BARO. — De gueules, à un ègle d'argent, à pié et à bec d'or.

480. M. ROBERT DE NEUFBOURG (5) — Coutichié d'or et d'azur.

481. M. LORDAULT DE NEUFBOURG. — Semblablement à I lambel de gueules.

482. M. ROBERT DE VILLEQUIER (6). — D'or, à une croix de gueules bilettes de gueules.

483. M. JEHAN GOIGEUL. — D'azur, à trois ganons d'argent passans, à une bordeure de gueules.

484. M. BRUNET DE LOCURT, *ou* JAUCOURT. — D'argent à une croix de gueules, à IIII lionceaux d'azur rampans.

485. M. LUCAS DE MELLEMONT. — D'or et d'argent, à une croix de gueules, à V fremaulx d'argent.

486. M. JEHAN CHAUVEL. — De noir, à III molectes d'or.

487. M. ROGIER LAINDIGER. — Fesses d'argent et de noir fiselée de l'un en l'autre.

(1) Bonneville (Calvados). — (2) Croisille (un en Calva dos, un autre dans l'Eure). — (3) S. Martin d'O. (Orne). — (4) Vieuxpont (Calvados et Orne). — (5) Le Neufbourg (Eure). — (6) (Seine-Inférieure).

488. M. JEHAN DONNEBAULT. — De gueules, à une croix de vert.

489. M. ROBERT DE NURSENT. — De gueules, à deux fesses d'or, à trois tourteaulx vers ou chief.

490. M. GUILLAUME BAILEULE (1). — Party d'ermine et de gueules.

491. M. SAUVAGE DE POMMEREUL (2). — De gueules, à un quevron d'or, à trois molettes d'or.

492. M. GUILLAUME DU BOSC GUILLAUME. — De gueules, à I lambel d'or escartellé contre de noir, à une croix à croixetes d'or recroixetés.

493. M. JEHAN DE NEUVILLE (3). — De gueules, à I chief d'ermine, à III tourneaulx d'or en pié.

494. M. RICHARD DE ROICAULLE. — D'ermine, à III tourneaulx de gueules, à I quartier de gueules, à I lionceau rampant d'argent ou quartier.

495. M. RAOUL DE HARECOURT (4). — De gueules, à II fesses d'ermine, à un lambel d'or.

496. M. JEHAN DE HARECOURT DE CHARENTONNE. — Semblablement.

497. M. JEHAN COMMIN. — D'argent, à une croix d'azur.

498. M. ROBERT SORMIN. — D'argent, à une bende d'azur, biletté d'azur.

499. M. RAOUL DE BIGOS. — D'argent, à deux fesses de gueules, à III molettes de gueules.

500. M. REGNAULT CHAMBELLENG. — D'argent, à III testes de seinglier noires errachées.

501. M ROBERT DE MONTFORT (5). — De gueules, à I sauteur d'or.

502. M. MAHEU DE LA POTERIE (6). De gueules, à une croix d'or.

503. M. PIERRE DE GRENUEZ. — D'azur, à une bende d'or estinchelée d'or.

(1) Il y a cinq Bailleul en Normandie. — (2) Pommereuil (Eure). — (3) Il y en a dix-huit en Normandie. — (4) Harcourt (Calvados). — (5) Montfort-sur-Rille (Eure). — (6) Orne, Eure et Seine-Inférieure).

504. M. JEHAN DE FRESNOY SUR FERIÈRES. — D'ermine, à une fesse de gueules, à III fers de cheval d'or sur la fesse.

505. M. JEHAN DE SAINT-LIGIER (1). — D'ermine, à un sauteur de gueules engroslées.

506. M. HENRY DE FERIÈRES. — De gueules, à I escuçon d'ermine, à une oille de fers à cheval d'or.

507. M. REGNAULT DE CARBET (2). — De gueules, à une fesse d'argent fizellée à un lambel d'azur.

508. M. JEHAN DE VALLE HERVILLIER. — Parti d'argent et de gueules endentés de l'un en l'autre.

509. M. JEHAN RECUÇOM. — Fessés d'or et de vert de VI pièces à fleurs de lis de l'un en l'autre à un quevron de gueules.

510. M. JEHAN DE MORTEMER. — Semblable à un baston de gueules.

511. M. PIERRE DE CAPELLES. — De noir, à une bende d'argent, à II coutiches d'or.

512. M. ROBERT DE BOUTEVILLE. — De gueules, à un sauteur d'or à quatre égletez d'or.

513. M. ROBERT MAILLART. — D'azur, à un sauteur d'argent engreslé, à III mailles d'argent.

514. M. SAUVAIGE D'AUTEGIVY. — D'or, à un demi lion-noir rampant.

515. M. JEHAN D'AVRECHIER. — D'or, à II quintez fieulez noires, à I lionceau noir passant ou premier quartier engreslé.

516. M. GUILLAUME MARTEL DE SAINT-VIGOUR. — D'or, à III marteaulx de gueules, à une bordeure burelée d'azur et d'agent.

517. M. JEHAN MARTEL. — Semblable, à I escuçon de *Houtot en Caux.*

518. M. JEHAN DE GRAMVILLE. — D'azur, à une fesse, d'argent, à croizètes d'or recroizetés.

(1) S. Léger (Orne et Manche) — (2) Carbec (Calvados et Eure).

519. M. ROBERT MALET. — De gueules, à III fremaulx d'or, à I escuçon de *Saint-Venent*.

520. M. GUILLAUME MALET DE MONTAIGU. — Semblablement, à une bordeure burelée d'argent et d'azur.

521. M. GUILLAUME MALET.—Semblablement, à I lambel behonné d'argent et d'azur.

522. M. ROBERT MALET DE FONTAINEZ. — De noir, à III fremeaulx d'or.

523. M ROBERT DE GRASMENIL. — De gueules, à III fremeaux d'argent.

524. M. ROBERT DE COURGUENVILLIER. — Pailley d'or et vert de VI pièces, à I chief de gueules, à III frémeaulx d'argent.

525. M. FAUVEL BEAUVILEIN. — Semblablement, à I lionceau d'or passent en chief.

526. M. GUILLAUME MALEVILLE. — D'azur, à I chief d'argent endenté de l'un en l'autre, à I lionceau de gueules passent en chief.

527. M. JEHAN DE BEUZEVILLE. — D'argent, à une fesse noire, à trois quintez fieules noires.

528. M. RICHARD D'YVETOT DE TAILLANVILE. — D'azur, à une bende d'or, à II couticles d'or, à I lambel de gueules.

529. M. BELENGUEL DE BELENGEZ. — D'argent à une bende d'or paalle.

530. M. LARISEGAULT DE FRESGUERAY. — Semblablement, à I lambel de gueules.

531. M. RICHARD DE HOUDETOT (1). Semblablement, le lambel besenté d'or.

532. M. JEHAN DE BALANGUES DE TOURVILLE. — De gueules, à III tourtres d'argent, à croixètes recroixées au pié long.

533. M. MAHEU DE FEUGERAY. — D'argent, à une croix noire emgreslée.

(1) (Seine-Inférieure).

534. M. LE SENESCHAL D'EU. — D'or, à une bende noire, à II couticles noires.

535. M. JEHAN LE SENESCHAL, son filz. — Semblablement, (*sic*), à I pourceau noir en la penne de l'escu.

536. M. GUILLAUME LE SENESCAL. — Semblablement, à I lambel de gueules.

537, M. ROBERT. — De *Haguenoville*, à III molettes d'argent sur la bende.

538. M. PIERRES DE BAILLEUL. — D'ermine, à un fer de molin de gueules.

539. M. JEHAN DE PONS. — D'or, à III jumèles de gueules.

540. M. GUILLAUME DE BURES (1). — D'or, à VI engueles de gueules, à I baston bonigoné d'argent et d'azur.

541. M. GUILLAUME. — D'or, à III jumeles de gueules, à I lambel d'azur.

542. M. ADAM DE SAINT-LAURENS. — De noir, à III mains d'or.

543. M. GUILLAUME DE FESCANT (2). — Vindé d'argent et de gueules.

544. M. BECQUET DE FORGEZ (3). — D'azur à. . . . . à VI gasteles d'or en pié.

545. M. GUILLAUME DE CALLEVILLE (4). — D'argent, à III molettez de gueules.

546. M. PHELIPPE DE CALLEVILLE. — Semblablement, à une bordeure de gueules.

547. M. REGNAULD DE TOURNEVILLE (5). — D'or, à un lion de gueules, rampant à un baston d'azur.

548. M. FLORIDAS DE ORNEVILLE. — Semblablement, à une molecte d'argent sur le baston.

549. M. PEULIER DE TOURNEVILLE. — Semblablement, le baston besant (*sic*) d'argent.

(1) Bure (Calvados). — (2) Fécamp. — (3) Forges (Seine-Inférieure et Orne). — (4) Eure et Seine-Inférieure). — (5) (Eure et Manche).

550. M. GUILLAUME DE PRÉAULX. — Semblablement, à un lambel d'azur.

551. M. JEHAN DE LINDEBEUF (1).— D'azur, à III marteaulx d'or.

552. M. JEHAN DE VIVIER. — D'azur, à un esgle d'or.

553. M. PIERRES DE FONTAINEZ. — De noir, à une bende d'argent.

554. M. PIERRES DOUBLEL. — Noir, à une bende d'or, à une molecte d'or.

555. M. JEHAN LE BOUTEILLER. — D'ermine, à une fleur de lis, de gueules.

556. M. GUILLAUME CALETOT. — D'or, à un lion de gueules rampant à colier d'argent.

557. M. JEHAN DE BETENCOURT. — D'argent, à un lion noir rampant.

558. M. JEHAN DE BIENVILLE. — De gueules, à III biex d'or.

559. M. GUILLAUME DE BRIENCHON. — Semblablement, à un baston de gueules.

560. M. COLLARD DE SANE. — Semblablement, à I escuçon de gueules.

561. M. COLARD DE HOTOT. — D'azur, à I lion d'or rampant, à molettes d'or semées.

562. M. PIERRES DE LA HEUSE. — D'or, à III heuses noires, à un martelet noir sur la première heuse.

563. M. GUILLAUME DE SAINT-CLOU (2).— De gueules, à II quintez fieulles d'or, à I lionceau d'or, passent ou premier quartier.

564. M. RICHARD DE CULIE. — D'azur, à un chief d'or, à III merletez de gueules en chief.

565. JEHAN DE LANDES. — D'azur, à III quevrons d'or.

566. M. JEHAN MACQUEREL. — D'argent, à une fesse de pelle, à trois rosez de gueules.

567. M. GUILLAUME CLAREL. — D'azur, à une bende d'or, à II coutiches d'or, à un chief de gueules.

(1) (Seine-Inférieure). — (2) S. Cloud (Calvados).

568. M. GUILLAUME D'AUZEVILLE. — D'argent, à I lion de gueules rampant.

569. M. JEHAN DE BOUISSAY. — D'ermine, à un lion rampant de gueules.

570. M. JEHAN DE SACOVILLE. — De gueules, à I bende d'ermine.

571. M. GUILLAUME DE MANGUEVILLE. — D'argent, à une bende de gueules.

572. M. HENRY DE SILLES. — D'argent, à un lion noir, rampant à une bordeure de gueules engreslée.

573. M. GUILLAUME DE LA BRUIÈRE. — De noir, à une bende d'or.

574. M. NICOLLE UTAR. — De gueules, à une fleur de lis d'argent.

575. M. JEHAN DE HOUDENT. — D'or, à un crequié vert.

576. JEHAN DE BEAUNAY. — Fossé d'or et d'azur de V pièces.

577. M. COLART DE BASLY. — D'azur, à un I chief d'or, à un baston de gueules.

578. M. JEHAN DE PELETOT. — Paalé d'or et d'azur de VI pièces à I chief de gueules, à une bende d'ermine.

579. M. HENRY LOUEL. — De gueules, à I griffon d'or rampant.

580. M. JEHAN HAMON. — D'azur, à I chief d'or, à un quevron de gueules.

581. M. JEHAN DE BRIMIEL. — D'argent, à une fesse d'azur, à III roses de gueules.

582. M. GILLEBERT DE CESSARS (1). — De gueules, à I quevron d'or, à I lionceau d'argent rampant à la queue fourchiée en la penne de l'escu.

583. M. GUILLAUME DE TROINCHEVILLIER (2). — De gueules à une bende d'argent, à II couticles d'argent.

(1) *Lis.* des Essars. — (2) Tranchevilliers (Eure).

584. M. COLAR DE COSTES. — De gueules, à une fleur de lis d'argent.

585. M. ROBERT DE COUILLARTVILLE. — D'argent, à I quevron de gueules, à III coilles noires.

586. GUILLAUME DU FOURNET. — Ondée d'or et d'azur de VI pièces.

587. M. JEHAN DE HELAINDE. — D'argent, à une bende de gueules, à trois marteaulx d'or sur la bende.

588. M. GUILLAUME HAIS. — D'argent, à III molettes noires.

589. M. PIERRES LE BRETON. — D'argent, à un lion noir rampant, couronné et oinglé d'or, à une molette d'or sur l'espaule du lion.

590. M. JEHAN RUAULT. — Paalley d'or et d'azur de V pièces à un baston de gueules.

591. M. JEHAN DU BOES DES PRÉAULX. — D'argent, à I chief noir, à un lion de gueules rampant.

592. M. HENRY DE COULOMBIERS. — De gueules à un chief d'argent.

593. M. JEHAN LE VENEUR DE BOSCLEVRIER (*sic*). — De noir, à I chief d'or, à III cournes de gueules enguichiez d'argent.

594. LE SENEUR DE CLEREY (3). — Porte d'or et de vert, à I lion de gueules rampant, couronné et onglé d'or en la partie de vert.

CHAMPENOIX ET BOURGUENONS.

595. LE DUC DE BOURGOINGNE. — Bendé d'or et d'azur, de quatre pièces, à une bordeure de gueules.

596. LE DUC DE LORENNE. — D'or, à une bende de gueules, à III esgles d'argent sur la bende.

(1) Cleray (Orne).

597. LE DUC DE BARE. — D'azur, à II bars d'or, à croixetez d'or, recroixetés d'or au pied long.

598. LE DUC DAMDRE. — De gueules, à roy de souleil, d'argent, à un quartier des armes de France, à une bende d'argent.

599. LE PRINCE DE TARENTE. — Les armes de France (*sic*), à une bende d'argent.

600. LE PRINCE D'AQUILÉE. — Burellé d'argent et d'azur, à un lion de gueules rampant, à I quartier des armes de Frence, à une bende de gueules.

601. LE PRINCE D'ORENGE. — D'or, à un cor d'azur, emguenchié de gueules.

602. LE PRINCE DE PIMONT (1). — De gueules, à une croix d'argent.

603. LE COMTE DE CHAMPAIGNE (2). — D'azur, à une bende d'argent, à II fresteaux d'or potenchiez.

604. LE COMTE DE SAVOIE. — De gueules, à une croix d'argent.

605. LE COMTE DE GIENIEVRE (3). — D'or, à quatre poinges d'azur.

606. LE COMTE DE VALENTINEZ (4). — D'azur, à un chef d'or, à V tourteaulx d'argent en pié.

607. LE COMTE D'AINCLIN. — De gueules, à raiz de souleil d'argent.

608. LE COMTE DE CHAMBELLEIRE DE PUILLE. — De gueules, à un roy d'argent, flanchié d'*Oremge* .

609. LE COMTE DE FORESTEZ (5). — De gueules, à un daufin d'or.

(1) Piémont. — (2) Le comté de Champagne ayant été réuni à la couronne au commencement du XIVe siècle par le mariage de Jeanne de Navare et de Philippe IV, il semble que cette mention de notre manuscrit doive être antérieure à cette époque. — (3) Genève, — (4) Valentinois. —(5) Forez.

610. LE COMTE DARSIN D'AUVERNE (1). — Escartelé d'or, à I dalfin d'azur, contrefessié de vairs et de gueules.

611. LE COMTE D'AUCERNE (2). — De gueules, à une bende d'or.

612. LE COMTE DE JONY (3). — De gueules, à un esgle d'argent, à pié et à bec d'or.

613. LE COMTE DE GRANTPERY (4). — Fessés d'or et de gueules de V pièces.

614. LE COMTE DE ROSY (5). D'or, à I lion d'azur.

615. LE COMTE DE BRIENNE. — Semblablement.

616. LE COMTE DE BRAESME (6). — D'azur, à I lion d'or, rampant, billetté d'or.

617. LE COMTE DE MONTHELIART (7). — De gueules, à trois barbeaux d'or.

618. LE COMTE DE SALEBRUCHE (8). — De noir, à I lion d'or rampant, à croizètes d'argent, recroizetés au pié long.

619. LE COMTE DE VALDEMONT (9). — De noir, à 1 chief d'argent.

620. — LE COMTE DE PORSIEN. — Paallé de vair et de gueules de VI pièces à I chief d'or, à un lionceau.

621. LE COMTE DE SAIMSEVRIN (10). — D'argent, à une fesse de de gueules.

622. LE COMTE DE NOELLE. — Escartellé de gueules, à I lion d'argent, rampant à la queue forchée.

623. LE COMPTE DE SAINT-AGARSE. — D'azur, à VI roses d'argent.

624. LE COMTE DE MAINPEL. — Bendé d'argent et de gueules, à un chief d'or, à une rose de gueules en chief.

625. LE DALFIN DE VIENNE. — D'or, à un dalfin d'azur.

(1) *Lis.:* Dauphin d'Auvergne. — (2) Auxerre.—(3) Joigny.—(4) Grandpré. — (5) Roucy. — (6) Braine. — (7) Montbéliard. — (8) Sarrebruck. — (9) Vaudémont. — (10) S. Sevrid, famille napolitaine.

626. LE MARQUIS DE MONTFERRANT (1). — D'argent, à un chief de gueules.

627. LE MARQUIS DE FERRARE. — De gueules, à un aisgle d'argent, à pié et à bec d'or.

628. LE MARQUIS DE SALUCE. — D'argent, à un chef d'azur.

629. LE COMTE DEMDO. — De gueules, à un peil d'or, chevroné d'or et de noir.

630. LE SIRE DE MELAN (2). — D'argent, à un serpent d'azur, à I satirel issant de la bouche du serpent.

631. M. BERNABO DE MELAN. — Semblablement.

632. LE COMTE DE VERTU. — D'argent, à un serpent d'azur, à I satirel ysant de la bouche du serpent, à un quartier de *Savoie.*

633. LE SIRE DES OURSINS DE ROMME. — Bendé d'argent et de gueules de VI pièces, à I chief d'or.

634. LE GRANT SENESCAL DE PUILLE. — D'argent, à un lion noir rampant.

635. LE MIRAL DE PUILLE (3). — D'or, à une croix noire potenchiée.

636. M. CHARLES DE DURAS DE PUILLE. — Les armes de *France,* à une bordeure bougonnée d'argent et de gueules.

637. M. JACQUES DES VAUX. — Parti des armes de *France*, à une bende d'argent atichée de gueules, à un ray d'argent.

638. M. FRANCHES DE L'ESCALE. — D'azur, à coquelez d'argent.

639. M. GRALIOT MALETESTE. — Bendé d'argent et de filiqueté d'or et de gueules de VI pièces.

640. M. SPAINBUF MALETESTE. — Semblablement.

641. M. CHARLES DE GRIMAUDE. (4). — Fessé d'argent et de gueules fizeloy de l'un en l'autre.

642. M. IBOINDOIRE. — D'or, à un chief d'argent, à un esgle noir couronné de gueules.

(1) Montferrat. — (2) Milan. (3) L'amiral de Pouille. — (4) Grimaldi.

643. M. SIRE DE CHASTELON (1). — Paallé de vair et de gueules, à I chief d'or, à une molette d'or ou chief.

644. M. HUE DE CHASTELOU DE DAMPIERRE. — Semblablement, à II lionceaux noirs passant en chief l'un contre l'autre.

645. LE BOCHU DE CHASTÈLLOU. — Semblablement, à III molettes noires en chief.

646. LE VIDASME DE CHARLONS (2). — Semblablement, à II lionceaux de gueules en chief passant l'un contre l'autre.

647. M. HUE DE CHASTELLOU DE PORSIEN. — Semblablement à un lionceau noir, passent en chief une molette d'argent sur l'espaule du lion.

648. LE MARESCHAL DE CHAMPAINE (3). — D'azur, à I lion d'or, rampant biletté d'or, à I baston de gueules.

649. LE SIRE DE TIREL. — De vair.

650. LE SIRE DE MURET. — D'or, à une fesse d'azur.

651. LE SIRE DE SAINT-DYIER (4). — D'or, à un lion d'or (*sic*), rampant à un lambel de gueules.

652. LE SIRE DE LOPIS. — De gueules, à V engueles d'or en sauteur.

653. LE SIRE DE SAINT-SEROIN (5). — D'or, à un fer de moulin noir.

654. LE SIRE D'AINGLEURE (6). — D'or, découpé sur gueules, à sonnetes d'argent semées.

655. M. GAUCHIER DE LOR (*sic*). — A un lion d'argent rampant, à croizètes d'argent recroizetés au pié long.

656. LE SIRE DE CHASTEAUVILLAIN. — De gueules, à un lion d'or rampant, billetté d'or.

657. LE SIRE DU TIL. — D'or, à III lionceaux de gueules rampans et couronnez d'azur.

658. LE SIRE DE RENEL. — Fessé d'or et d'azur de VI pièces.

(1) Châtillon. — (2) Le vidame de Châlons. — (3) Le maréchal de Champagne. — (4) S. Dizier. — (5) S. Seruin en mâconnois. — (6) Anglure.

659. LE SIRE DE NOIE. — D'azur, à un esgle d'or.

660. LE SIRE DE CLELLE. — De gueules, à I escuçon d'argent, à I escharboucle d'or, flourelé.

661. LE SIRE DES BARRES. — Lozengez d'or et de gueules.

662. LE SIRE DE MERBON. — D'or, à II fesses de gueules, à une oille de molettes de gueules.

663. LE SIRE DU VERGIE. — De gueules, à III quintez fieulez d'or.

664. M. JEHAN DE CHARLONS (1) D'ARLAY. — De gueules, à une bande d'or, à une molette noire sur la bande.

665. LE SIRE DE GRANTMONT. — Bendé d'argent et d'azur de siex pièces.

666. M. HENRY DES BOS. — De gueules, à I chief d'or.

667. LE SIRE DE SAINTE-CROIX. — D'argent, à une croix de gueules.

668. LE SIRE D'APREMONT. — De gueules, à une croix d'argent.

669. M. HEUGUES DE VIENNE. — De gueules, à 1 esgle d'or.

670. M. JEHAN DE VIENNE. — Semblablement, à une molette noire sur l'esgle.

671. LE SIRE DE ROIGEMONT (2). — D'or, à l'esgle de gueules.

672. M. YMBERT DE ROYGEMONT (3). — Semblablement.

673 M. GUIFFROY DE CHARNY. — De gueules, à trois escuçons d'argent.

674. LE SIRE DE LA MOTE. — D'argent, à trois escuçons de gueules.

675. M. GIRAT DE BORBON (4). — D'or, à I lion de gueules, rampant à une oille de coquilles d'azur.

676. LE SIRE DE VILLARS. — Bendé d'or et de gueules de VI pièces.

677. M. BURAU DE LA RIVIÈRE. — De *sable*, à une bande d'argent.

(1) Jean de Châlon. — (2-3) Rougemont. — (4) Girard de Bourbon.

678. LE SIRE DE BINAY. — De gueules à I chasteau d'or.

679. LE SIRE DE BROSSY. — De gueules à II fesses d'or.

680. LE SIRE DE CLERMONT. — D'argent, à II clefs noires ou (*lis* en) sauteur.

681. LE SIRE DE LA BAUNE. — D'or, à une bende d'azur danchié.

682. LE SIRE DE LA TOUR. — De gueules, à une tour d'or.

683. LE SIRE DE BEAUGIE. — D'or, à I lion d'or rampant à un lambel de gueules.

684. LE SIRE DE LA CHAMBRE. — Les armes de France, à une bende de gueules.

685. LE SIRE DE VAIRAS. — Escartellé de vair et de gueules.

686. LE SIRE DE CLAVESON. — De gueules, à une bende d'or, à une clef noire sur la bende.

687. M. AYMON DE GENIEVRE. — D'or, à IIII poins d'azur, à un baston de gueules.

688. M. EUGNES DE GENIEVRE. — Semblablement, à I baston bougonné d'argent et de gueules.

689. M. BERTRAIN DES VAULX (*sic* lis : Baux). — De gueules à I roy d'argent.

690. M. AYMERI DES VAULX. — Parti de gueules à I roy d'argent contre de gueules à une croix d'or bordié, patée et pommetée.

691. M. BERTRAIN DES VAULX D'ORENGE. — Escartellé *des Vaulx* et *d'Orenge.*

692. LE SIRE DE SAINT. — D'or à I louf d'azur en bande.

693. LE SIRE DE GRENVILLE. — D'azur à un chief d'argent à un demi lion rampant de gueules en chief et en pié desoubz trois brie d'or enguigiez d'argent.

694. LE SIRE DE VAUCOULEUR. — Semblablement (*sic*), le chief d'ermine et le lion couronné d'or.

695. M. GUICHART D'ARS. — D'argent à une bande noire.

696. LE SIRE DE MANTE. — Fessé d'or et de noir de VI pièces.

697. LE SIRE DE GRANSON. — Paaley d'argent et d'azur.

698. M. GUILLAUME DE GRANSON. — Semblablement, à un baston de gueules à III coquilles d'or sur le baston.

Bachelers.

699. M. DRUY DE MERLO. — D'or à II fesses de gueules à une oille de molette de gueules.

700. M. GUILLAUME DE MESLO. — Semblablement, à I lambel d'azur.

701. M. GUILLAUME DE BOURBON. — D'or à un lion de gueules rampant à une oille de coquilles d'azur à une main d'argent sur l'espaule du lion.

702. M. MAILLART DE BOURBON. — Semblablement, à un maillet d'argent sur l'espaule du lion.

703. M. GAY DE BOURBON. — Semblablement, à une molette d'argent sur l'espaule du lion.

704. M. ESTIENNE DE FLAVEGNI. — De gueules à III visaiges de lion d'or.

705. M. THIBAUT DE GUEUX. — De gueules à VI manceis de gueules.

706. M. JEHAN D'ARSY. — De noir à trois esglees d'or.

707. M. GUILLAUME DES BORDES. — De gueules à trois molettes d'or.

708. M. JEHAN DE COMFLANS. — D'azur à un [lion] d'or rampant biletté d'or à un baston de gueules engreslées.

709. M. ROGIER DE SAINT LEION. — D'or a un *fo* (lis : fer) de moulin noir à I. làbel de gueules.

710 M. ROGIER D'AINGLEURE. — D'or découpey sur gueules à sonnetez d'argent semées à un lambel d'azur.

711. M. GAUCHIER D'EINGLEURE (1).— Semblablement, à un baston d'azur.

(1) Anglure.

712. M. PHILIPPE de BUCHIE. — Escartellé d'argent et d'azur à un baston de gueules.

713. M. GUILLAUME DE BEAUGIÉ (1). — D'or à un lion noir rampant à un lambel de gueules besantés d'or.

714. M. GUICHART DE BEAUGIÉ. — Semblablement à I lambe bougonné d'or et de gueules.

715. M. ESTOR DE BEAUSEMBLANT. — A un lambel bougonné d'or et de gueules.

716. M. ESTOR DE BEAUSEMBLANT (*sic*). — D'azur à deux fesses d'or.

717. M. GUILLAUME DE PAAILLIER. — D'argent à un chief eschiqueté d'or et de gueules.

718. M. LOUIS PASCEY. — Quevronné d'ermine et de gueules.

719. M. JEHAN D'AUGEROM. — De gueules à I lion d'argent rampant.

720. M. DESRAMEY DE BEAUMONT. — Géronné d'or et de gueules de VIII pièces.

Bretaigne et Le Maigne.

721. LE DUC DE BRETAINGNE. — D'hermines.

722. MONSEIGNEUR GUY DE BRETAIGNE. — De hermine à une bordeure de guelles (*sic*).

723. LE VICONTE DE ROHAN. — De gueules à VI lozeingeiz d'or voidiés.

724. LE VICONTE DE BEAUMONT. — D'azur à un lion d'or rampant.

725. LE SIRE DE LAVAL. — D'or à une croix de gueules à V coquilles d'argent sur la crouez à XVI esglees d'azur.

726. LE SIRE D'OLIVET. — Semblablement, à une bordeure noire le sauteur d'argient.

727. LE SIRE DE AVAUGOUR. — D'argient à un chief de gueules.

(1) Beaujeu.

728. LE SIRE DE QUENTIN. — Semblablement, à un label d'or.

729. GUILLAUME D'AVAUGOUR. — Semblablement, à un baston d'azur.

730. LE SIRE DE ROCHEFORT. — Bairry d'or et d'azur.

731. LE SIRE DE CLICHON (1). — De gueules à I lion d'argient rampant omglé et couronné d'or.

732. LE SIRE DE RAIZ. — D'or à une croix d'or.

733. LE SIRE DE LOHEAC. — De vair.

734. LE SIRE DU CHASTEAUBRIANT. — De gueules à fleurs de lis d'or.

735. M. CHARLES DE DINAM. — De gueules à une fesse d'ermine fisselée à VI tourteaulx d'ermine.

736. LE SIRE DE LÉON. — D'or à un lion d'or rampant.

737. MESIRE BIETRAM DU CLEQUIN (2). — D'argent à une aigle noire à deux testes à un baston *(sic)* de gueules.

738. M. OLIVIER DU CLEQUIN. — Semblablement, le baston bourgonné d'or et de gueules.

739. M. PIERRES DU CLEQUIN. — Semblablement, toutes plaines.

740. M. OLIVIER DE MAUGNY (3). — D'argent à un croissant de guelles à un label d'azur.

741. LE SIRE DE MALESTROIT. — De guelles besantés d'or.

742. LE SIRE DE RIEX (4). — D'azur besanté d'or.

743. LE SIRE DE MONTFORT. — D'argent à un fer de moulin de guelles à testes de serpent d'or à chacune cornière du fer de moulin.

744. LE SIRE DE MONTAUBAN. — De gueules à VI lozenges d'or voidiés à un lambel d'argent.

745. LE SIRE DE BEAUMANOIR. — D'azur billeté d'argent.

746. LE SIRE DE TINTENEAC. — De gueules à trois fesses d'argent à une bende d'azur.

747. LE SIRE DE COMBOR. — Escartelé d'argent et de gueules.

(1) Clisson. — (2) Bertrand Duguesclin. — (3) Mauny. — (4) Rieux.

748. LE SIRE D'AUSEURS (1). — De gueules à trois quintes fieules d'ermine.

749. LE SIRE DE MACHECOL. — D'argent à III quevrons de gueules.

750. LE SIRE DE ROIGIE. — De gueules à une croiz d'argent patée et eslesée.

751. M. OLIVIER DE TOURNEMINE. — Escartelé d'or et d'azur.

752. LE SIRE DE GUERGORLAY (2). — Voiry d'or et de gueules.

753. LE VICONTE DE CORMEU. — De gueules à II annelez d'argent.

754. LE SIRE DE VITRY. — De gueules à I lion d'argent rampant.

755. LE SIRE DU PONT-L'ABBÉ. — D'or à I lion de gueules rampant onglé et coronné d'azur.

756. M. GUILLAUME DE CORMEVILLE. — D'argent à deux croixans de gueules à un quartier de gueules à une rose d'argent ou quartier.

757. LE SIRE DE PLUSCALET (3). — De gueules à trois quevrons d'argent.

758. LE SIRE DU PONT. — De noir à I croixant de gueules.

759. LE SIRE DE LA ROCHE BERNART. — D'or à un esgle noir à deux testes.

760. LE SIRE DE POUENCHIÉ (4). — De gueules à deux lions d'argient passans.

761. M. GUIFFROY DE BEAUMONT. — D'azur à un lion d'or rampant à fleurs de lis d'or à un baton de gueules.

762. M. GUILLAUME DE BEAUMONT. — Semblablement, à un baston engreslé.

763. M. ROBERT DE BEAUMONT. — Semblablement, le baston bougonné d'argent et de gueules.

(1) Anciens. — (2) Kergorlay. — (3) Plusqualec. — (4) Pouancé.

764. LE SIRE DE SAINTE-BRISE (1). — Paallé d'or et de gueules de VI pièces.

765. M. JOHAN DE VANDOSME DE FIELLET. — D'argent à un chief de gueules à un lion d'or? rampant à un escuchom d'*Avaugour*.

766. M. PIERRES DE VANDOSME. — Semblablement, à un baston d'or.

767. M. AMAURY DE VANDOSME *(sic)*. — Semblablement, à une fleur de lis d'or sur l'espaule du lion.

768. LE SIRE DE MONTGUEROULT. — D'or à trais lionchaux noirs rampans.

769. M. PATRI DE CHAOURCHES. — Burellé d'argent et de gueules à une oille de meslètes noires.

770. LE SIRE DE CONCHEULLES. — De gueules à un lion burellé d'or et de vert.

Bachelers.

771. M. YVAIN CHARUEL. — De gueules à une fesse d'argent.

772. M. BRUNER DE LAVAL. — Les armes de Laval à un quartier de gueules à un lion d'argent rampant sur le quartier.

773. M. JEHAN DE LAVAL DE PASSY. — Semblablement, à trais lioncheaulx d'argent en quartier.

774. M. RASES DE LAVAL. — Semblablement, à une bordeure d'argent.

775. M. GUY DE LAVAL D'OLIVET. — A une bordeure noire besanté d'argent.

776. M. JEHAN DE LAVAL. — Semblablement, à un quartier d'argent à un lion noir passent en quartier.

777. M. HERPIN DE LAVAL. — Semblablement, à un quartier des armes d'*Erquigny*.

(1) Saint-Bris.

778. M. JEHAN DE CASTEAUBRIANT DE BEAUFORT. — De gueules à flours de lis d'or à I lambel d'argent.

779. M. BRIEU DE CHASTEAUBRIANT. — Semblablement, à un baston d'argent.

780. M. GUY DE ROCHEFORT. — Vairy d'or et d'azur à un lambel de gueules.

781. M. AMEURY DE CLICHON. — De gueules à un lion d'argent rampant onglé et coronné d'or à un baston d'azur.

782. M. LOY DE MAICHECOL (1). — D'argent à trais quevrons de gueules à un lambel d'azur.

783. M GUILLAUME DE RAIZ. — D'or à une croix noire à un cabot de gueules.

784. M. GUIFFROY D'ANSENIS (2). — De gueules à trois quintes fieilles d'ermine à un lambel d'azur.

785. M. BOABBES DE ROUGIE. — De gueules à une croix d'argient eslaisié et empatée à un baton d'azur.

786. M. GUIFFROY DE DINAM. — De gueules à une fesse d'ermine fizelée à II tourteaux d'azur.

787. M. LOY DE DINAM. — Semblablement, à I baston d'azur.

788. M. ROLLAND DE DINAM. — Semblablement, à une bordeure d'azur.

789. M. GUIFFROY BOTEREL. — D'argent à un chief de gueules à un lambel d'or basanté d'argent.

790. M. GUILLAUME D'AVAUGOUR. — Semblablement à trois lozanges d'or voidiés en chef.

791. M. JEHAN DE MALESTRAIT. — De gueules besanté d'or à un lambel d'azur.

792. M. JEHAN MALESTE. — Semblablement à I baston d'azur.

(1) Machecoul. — (2) Ancenis.

www.ingramcontent.com/pod-product-compliance
Lightning Source LLC
LaVergne TN
LVHW011959160826
845678LV00002B/614

* 9 7 8 2 3 2 9 6 8 4 7 1 0 *